NPO法人
老人ホーム評価センター 推薦

自分に合った
終《つい》の住処《すみか》の
選び方
ハンドブック

伊藤 禎
Ito Tadashi

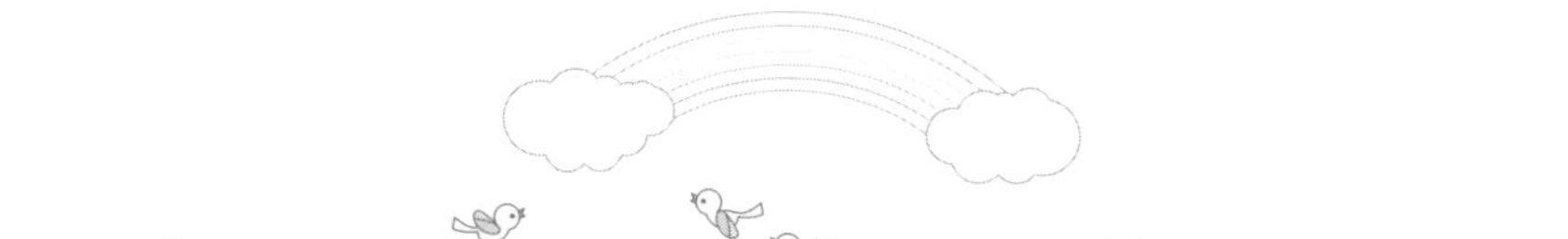

展望社

はじめに

この本は、有料老人ホームなどの施設や高齢者向け住宅（以下老人ホームと言います）への入居をお勧めするものではありません。皆さんが終《つい》の住処《すみか》を選ぶ際の参考書として書いたものです。老人ホームなどは終の住処の候補の一つにすぎませんが、終の住処は、大別すると自宅か、老人ホームなどの施設しかありません。

人間は、誰もいつかは終末期（死）を迎えます。その終末期をどこで迎えるか、いろいろ悩んでおられる高齢者の方も多いと思います。終末期を迎える場所を終の住処と言いますが、その選び方はかなり難しいものがあります。

筆者は、ＮＰＯ法人老人ホーム評価センターの設立期からそのメンバーとして、10年以上にわたり有料老人ホーム選びのご相談に乗ってきました。その経験をもとに老人ホームのみならず、自宅や、病院なども含めて自分に合った終の住処選びをどうすればよいかとの観点から本書を執筆しました。終の住処選びが切実な状況にある方もいらっしゃれば、まだまだ、だいぶ先のことだと思っていらっしゃる方も多いと思います。切実な方はともかく、まだまだ先のことだと考えておられる方にお願いしたいことは、少なくとも70歳代になられたら、ご自分の終の住処をどうするかの問題を真剣に考えていただきたいということです。

老人ホームに入ろうと入るまいと、老人ホームとはどんなところか、自分に合うのか、合わないのかなど、知力、体力、気力のあるうちに勉強しておかれることを心からお勧めします。もっと早くから勉強されることはもちろんいいことですし、80歳代になってからでも間に合う方もいらっしゃいますが、終の住処探しには、相当の体力、知力、気力、時間が必要ですから、まだお元気なうちに勉強を始めることをお勧めします。また、本書はご自分の終の住処選びのためだけではなく、親御さんなどのための終の住処選びなどのお役にも立てるよう配慮して書いたつもりです。親御さんの介護の問題を抱えた50〜60代の方にもお役に立てると思います。

本書が、終の住処選びのささやかな道標《みちしるべ》になれば、望外の喜びです。

著者しるす

推薦の言葉

当NPO法人老人ホーム評価センターの伊藤理事がこの度「自分に合った終の住処の選び方ハンドブック」を出版しました。

伊藤理事は、評価センターの創立時からのメンバーとして活躍されています。活動の中心は、主として施設の訪問調査と評価で、介護の実態を把握するため自らホームヘルパー2級の資格を取得されたり、調査にあたっては、体験宿泊なども自費で行うなど実践的な調査を行っています。

また、評価センターの季刊誌『友の会便り』に重要事項説明書の読み方や入居契約書の読み方等をシリーズとして解説しています。今回、こうしたセンター設立以来13年に及ぶ活動の成果を出版したものです。

「自分に合った終の住処の選び方ハンドブック」は3部構成で、第1部は終の住処の選び方の基本的考え方で、伊藤氏の介護体験から得た教訓と反省、評価センターの活動の紹介や終の住処を選ぶにあたってのそれぞれの皆さんの哲学、経済力、身体的条件に応じた選択のタイミングや入居先の候補が示されています。第2部は、自宅を終の住処にする場合の可能性と留意事項。第3部は、有料老人ホームをはじめとする高齢者向け施設等に入居する場合の、各施設毎の長所、短所や入居後に発生する可能性のあるトラブルの回避策などが丁寧に解説されています。

ただし、本書は、有料老人ホームへの入居をお勧めするものではなく、終の住処の候補にはどんなところがあるか、それぞれの長所、短所は何か、その中で自分に合った終の住処はどこかを十分知って選んでいただきたいとの思いから書かれたものです。そのためにはまた、体力、知力、気力の充実している間に準備を進めることをお勧めしています。

自宅を終の住処にするにしろ、高齢者向け施設に入るにしろ、その選択のガイドブックとして大いに参考になるものと推薦します。

令和元年12月吉日

ＮＰＯ法人老人ホーム評価センター　理事長

宇田川潔

自分に合った終《つい》の住処《すみか》の選び方ハンドブック

目次

第2部　自宅を終《つい》の住処《すみか》にしたい場合

——老後も自宅で受けられるサービスを知る——

第3部　高齢者向け施設や住宅を終《つい》の住処《すみか》にしたい場合

――高齢者のための施設の長所と短所を見きわめる――

第1部

終《つい》の住処《すみか》をどう選ぶか

――十年、二十年先を思い描いてプラン作りを――

1　NPO法人老人ホーム評価センターについて

私は、NPO法人老人ホーム評価センター（以下老人ホーム評価センターといいます。単に評価センターということもあります）で10年以上にわたって、神奈川県を中心としてボランティアで有料老人ホームの調査や評価を行い、利用者の立場に立って老人ホーム探しのお手伝いをしてきました。当時、このような組織は全国にほとんどその例を見ないものでした。現在でもきわめて稀な存在だと思います。

老人ホーム評価センターは、平成19年9月に設立会合を開催しました。NPO法人格を認められたのは翌20年1月でした。発足の経緯は、旧東京銀行出身で、（株）日本格付研究所に転職されておられた宇田川潔現老人ホーム評価センター理事長が、10数年前、急速な高齢化とそれに伴う有料老人ホームの増加に対応して、良質な有料老人ホームを広く一般に紹介する必要性を痛感し、かっての格付研究所の同僚や、銀行の同僚、出身校の後輩などに声をかけ、趣旨に賛同する人達20数人で発足したものです。

筆者は農林中央金庫からこの日本格付研究所に出向中にご一緒したことから参加させていただきました。参加した皆さんは、銀行や格付機関出身者、企業経営者、公務員、大学教授など多彩です。いずれも第一線をリタイアした後、ボランティアとして参加しています。

この格付研究所は、各国や企業等の発行した国債や社債等の利払いや償還能力を、一般投資家に代わって分析・評価し、投資家に中立で適宜適切な情報を提供し、資本市場の健全な発展に寄与しようという目的で、昭和60年に設立された格付機関です。老人ホーム評価センターは、この格付研究所の理念を参考にしています。

一般の方が有料老人ホームを探す場合、チラシや、新聞広告などを見てご自分で探されるか、パソコンが使える方はインターネットで、老人ホームの紹介センターを利用される方も多いと思います。紹介センターを利用する場合、無料で相談に乗ってくれ、手軽で便利ですが、老人ホームへの入居が決まると、その紹介センターに老人ホームがかなりの手数料を支払うのが通常です。紹介して入居すれば紹介手数料を貰えるとなれば、紹介する老人ホームのマイナス点を相談に来た人に知らせることは、差し控えたくなるのが人情でしょう。また、紹介手数料の高いところを勧めたくなるのも自然でしょう。

老人ホーム評価センター（「以下評価センター」と言います）は、中立・公正をモットーに施設からは一切の金銭の提供を受けていません。評価センターの運営は、こうした評価センター活動の趣旨に賛同し協力していただける個人及び法人、あるいは老人ホームを探しておられる方々で、当評価センターの情報や協力を必要とする個人の方々に友の会会員になっていただき、その会費やメンバーの会費で運営しています。また、老人ホーム評価のための交通費などはメンバーの手弁当で賄っています。

評価センターによる老人ホーム評価は、以下のような点を特徴としています。

・必ず施設を訪問して、施設長さんなど責任者にお会いして直接お話を伺うように努めています。場合によっては、直接経営者にお話を聞くこともあります。先方のご都合によっては、入居相談員が対応されることもあります。

・評価は個人の偏《かた》よりを避けるため必ず複数（チーム）で訪問し、その結果はチームで協議します。

・評価は、機械的な数値化による評価は行っていません。多面的な評価項目を取り上げてチェックし、総合的に評価します。

・評価の主なポイントは、事業主体、あるいはその背後にある経営母体の経営方針、経営力を重視するとともに、経営基盤となる入居者状況（入居率）に注目します。

・介護体制・サービス体制、医療支援体制、費用、建物・居室の状況などについてチェックします。

・入居者に不利益な点がないか、重要事項説明書や入居契約書などもチェックします。

・評価結果は、所定の評価シートにまとめ、評価会議で討議・決定し、ホームページで公表します。優れている点も、問題点も指摘します。

・公表にあたっては、評価結果を事業主体にお見せし、事実関係に誤りがないかチェックしていただきます。事実関係に誤りがあれば修正しますが、評価センターの評価や意見にかかわる部分は修正しません。

＊老人ホーム評価センターの活動範囲は、体制上の制約もあり神奈川県とその周辺です。評価センターが発足した頃、神奈川県内の有料法人ホームの数は３００台でしたが、平成元年４月１日には８９６に増加しており、現在の陣容ではとても手が回りきれません。我々の活動に参加してくださる方を募集しています。活動状況はホームページをご参照ください。
ホームページ　http://rhhc.sakura.ne.jp
メールアドレス　rhhc@jcom.zag.ne.jp
ＮＰＯ法人老人ホーム評価センターでも検索できます。

2　私が評価センターの活動に参加した理由

私が評価センターの活動に参加した理由は、私も両親の遠隔地介護で人並みの苦労をしたこととその反省、またいずれは自分も同じような状況になることへの備えにありました。そしてそのことが他の人のお役に立つのであればなおいいなという思いからでした。

当時は、両親への孝養は人並みに尽くしたつもりでしたが、後で振り返ってみると、ああすればよかった、こうもすればよかったと反省することしきりです。

私の両親は福岡県の地方都市に二人で住んでいました。80歳過ぎても元気で、正月には二人で神奈川県の我が家まで会いに来てくれていましたが、その後、父は腹部大動脈りゅうの手術をしたころから体力が落ち、母もその看護疲れで弱ってきたようです。

20数年前、我が家を建て替えた際、いずれ両親を呼び寄せようと、両親用の部屋を準備していました。ある時、郷里の近所の方からもう二人だけの生活は無理ではないかとの連絡があり、平成12年1月、我が家に来てもらいました。父86歳、母85歳の時でした。当時、私はまだ現役でしたので十分な相手ができず、たまの休日に散歩やドライブに連れて行く程度で、両親は日がな一日こたつの中で、テレビを見ながら過ごしていました。半年ほどたったある日突然、両親が福岡に帰りたいというのです。二人だけでの生活は無理だと説得したのですが、死ぬなら福岡の自宅で死にたいとまで言うので、とうとう根負けしてまた返すことにしました。

父は、田舎では教育者として多少名の通った人でしたので、どこへ行っても伊藤先生、校長先生、会長（いろいろな会の長をやっていました）さんと言われて、人もよく訪ねて来てくれていましたが、こちらではただの老人で、訪ねて来てくれる人もなく、何の楽しみも、張り合いもない生活だったのです。私は衣食住を提供していればそれでよしとしていたのです。人には生きがいや楽しみが必要でしたが、そこまで気がつきませんでした。物理的に無理な場合もあるでしょうが、農業をやっておられた方には、一坪農園でもガーデニングでもやれるような環境を作ってあげることも必要です。

両親の帰郷後は、我々夫婦が毎月交代で1週間程度帰郷し世話をしていましたし、しばらくは元気でしたが、その後父が転んで腰を痛め入院、母も介護疲れで倒れました。父は入院中に88歳（数え）の米寿を迎えましたので、お祝いに行き「お父さんいくつになった」と聞いたら「78かな」と答えましたので、冗談を言っているのか、本気なのか、ぼけてきたのかと心配になりました。退院後は二人きりの生活はもう無理だと思い両親の身の振り方を思案の上、主治医（父の教え子）に相談、発足したばかりの介護保険の適用を受けることにしました。父は要介護I、母は要支援と認定され、数ケ月は自宅でヘルパーさんの支援を受けていましたが、母がヘルパーさんたちの世話を受けるのを嫌がりましたので、近くの介護老人保健施設（老健）に入ることになりました。私は老健のことなど何の知識もなく、すべて主治医の先生のお世話でした。

２００1年2月のことです。母は、父よりずっと元気で90歳以上は生きるだろうと思っていましたが、老健に入って半年後にくも膜下出血で急死しました。86歳でした。父はその後2年ほど老健で暮らし、次第に衰弱して、89歳で亡くなりました。死因は老衰死だったと思います。父は我々の対応に一言の反発も、恨みがましいことは言いませんでしたが、母は施設に入れられたのが不満で納得していませんでした。

当時の私は、介護保険のことも何もわからず、どんな施設があるのやら、他にも手だてがあるのかないのかもわからず、ただおたおたして、主治医の先生の言うままに対応しました。必ずしも間違った選択だったとは思いませんでしたが、老人介護や介護保険などの知識がもっとあれば、もう少し違った対応もあったのではないかと反省しているところです。

両親の死後、次は俺の番だと痛切に感じましたが、自分が認知症になったり、介護が必要になったりしたら、子供たちは、私と同様、何もわからず、何の知識もない中でおろおろするか、親の意思とは関係なく、まあ適当な施設に入ってもらおうと考えるのではないかと思います。そうならないためには、自分の終の住処は元気なうちに決めておき、子供たちに迷惑や心配をかけないようにしておく必要があると、つくづく感じました。そのための勉強の場としてNPO法人老人ホーム評価センターの設立に参加したのです。

大体50〜60歳代の方々は親御さんの介護の問題が切実になってくるころでしょうし、70〜80代になればご自分の行く末が重大な関心事だと思います。これらの問題について多くの皆さんは10数年前の私と同様のレベルではないでしょうか。

冒頭に書きましたように、本書は老人ホームへの入居をお勧めするものではありません。ご自分のであれ、親御さんのであれ終《つい》の住処《すみか》をどうするのか考える際のご参考になればとの思いで書いたものです。

介護問題は、親御さんのものであれ、ご自分のものであれ、多くは「まだ大丈夫だ」と思っているうちに突然発生します。早めに備えておかれることをお勧めします。備えておくといっても、介護保険についての勉強や、老人ホームとはどんなところか、といったことについて勉強しておかれるということです。断捨離も計画的に進めましょう。

少し早めにいろいろと勉強しておかれると、私と同じような轍を踏まなくても済むのではないかと思います。

3　終《つい》の住処《すみか》とは

人によって定義は様々でしょうし、字も「終《つい》の棲家《すみか》」と書いているものもあります。棲家と書くとなんとなく隠れ家的で寂しい気がしますね。それよりは通常に住む場所で、最後に安住するところ、ひいては人生の最後を迎えるところを意味しています。あくまでも最後の住所という意味合いで本書では「住処《すみか》」と表現します。

かつて、日本人の終の住処はほとんどの人が自宅で、その比率は1952年には81・3%を占めていましたが、都市化、少子化、核家族化の進展とともに自宅死の比率は急激に低下し、1976年には病院死が自宅死を上回り、その後2005年には病院死の比率が82・4％にまで上昇しました。ところがその年をピークに、翌年以降は病院死の比率は下がり始め、２０１７年には74・8％に低下しています。一方、自宅死は13・２％で、１９５２年の病院死12・４％と逆転してしまいました。病院死74・８％に自宅死13・２％を足すと88・０％になりますが、あとの12％はどこに行ったかというとほとんどが特別養護老人ホームや有料老人ホームあるいは最近急増しているサービス付き高齢者住宅、あるいは不運にも事故などでの死亡と思われます。

近年、有料老人ホームやサービス付き高齢者向け住宅が急増しており、数年以内には施設などでの死亡が、自宅死を超えると見込まれています。ただし、ここでいう病院死には、最後の瞬間に病院に担ぎ込まれた事例を含んでいますから、病院で死亡と言っても長期入院の果ての死亡はそう多くはないかもしれません。そういう人を除けば、自宅死の比率はもう少し高いと思われます。

4　終《つい》の住処《すみか》の候補

終の住処の候補は沢山あります。それぞれに特徴（長所・短所）があり、選択を間違えると、人生の最終章でこんなはずではなかったと後悔しかねません。それぞれの特徴をよく調べて慎重に決める必要があります。

終の住処を選ぶ場合、自分自身のものを選ぶ場合と親御さんや親戚の方などのために選ぶ場合がありますが、ここではご自分のものを選ぶ場合を中心に取り上げ、必要に応じ親御さんなどのために選ぶ場合の注意点などにも触れていきます。

終の住処の究極の候補は自宅です。住み慣れた自宅で最期を迎えられれば言うことはありませんし、多くの人が望むパターンでしょうが、いろんな事情でそうはいかない場合はどうするかというのが、次の課題です。

自宅以外で、最後を迎える場所の候補としては、①特別養護老人ホーム（通称特養）、②介護老人保健施設（通称老健）、③養護老人ホーム、④軽費老人ホーム、⑤介護療養型医療施設、介護医療院、⑥介護付有料老人ホーム、⑦住宅型有料老人ホーム、⑧認知症対応型共同生活介護（通称グループホーム）、⑨サービス付き高齢者向け住宅（通称サ高住／サ付き住宅）、⑩高齢者向け専用マンションなどがあります。

これらの施設・住宅は、設立主体が制限された行政の関与が強い公共型と、設立主体に制限のない民間型に分かれます。

特別養護老人ホーム、介護老人保健施設、養護老人ホーム、軽費老人ホーム、介護療養型医療施設、介護医療院などは公共型です。公共型では、特別養護老人ホームや介護老人保健施設が一般にもなじみが深い中心的存在です。養護老人ホームや軽費老人ホームは、数も少なく終の住処としてはあまり一般的ではありません。

介護付有料老人ホーム、住宅型有料老人ホーム、サービス付き高齢者向け住宅、高齢者向け専用マンションが民間型ですが、千差万別、玉石混交で選択に迷うところです。サービス付き高齢者向け住宅や高齢者向け専用マンションは、施設というより高齢者向けの住宅としての色彩が強いところです。

これらの施設、住宅の選択にあたっては、それぞれの特徴（長所・短所など）を十分承知して、それぞれの皆さんのニーズに合った施設、住宅を選ばなければなりません。

これらの施設、住宅の特徴や選択する場合の注意点などは、第3部の高齢者向け施設・住宅を終の住処にする場合で説明します。

表１　終の住処の候補（公共型）

名　称	基本的性格　特徴
特別養護老人ホーム（特養）	要介護高齢者のための生活施設。設置主体は、地方公共団体、社会福祉法人に限定、費用は安い。数も多く高齢者施設の中心。希望者が多く入居まで時間がかかる。入居資格は原則として要介護３以上。
養護老人ホーム	環境的、経済的に困窮した高齢者の施設。設置主体は地方公共団体、社会福祉法人に限定、費用は安い。入所は、行政が決定する。65歳以上。数は少ない。介護度要件なし。
軽費老人ホーム	低所得者のための住居。設置主体は地方公共団体、社会福祉法人、知事の許可を受けた法人に限定。数は少ない。 家族による援助を受けることが困難な60歳以上の者。介護度要件なし。
介護老人保健施設（老健）	要介護高齢者に対しリハビリなどを提供し在宅復帰を目指す施設。設置主体は、地方公共団体、社会福祉法人、法令で指定された法人に限定。原則として３～６ケ月で退去を求められるが、看取りも行う。入居資格は要介護度１以上。費用は特養と同程度。
介護療養型医療施設・介護医療院	長期療養医療介護施設。入居資格は、要介護度１以上で症状は安定しているが長期的な医療措置が必要で退院までには至らない患者。介護療養型医療施設は2024年に廃止される予定で、介護医療院などに組織替えされる見込み。費用は医療費がかかるため特養などより高め。

表2　終の住処の候補（民間型1）

名　称	基本的性格　特徴
介護付有料老人ホーム	・介護保険の特定施設入居者生活介護の指定を受けた高齢者のための住居。 ・設立主体に制限はない。営利法人が中心。 ・設立には都道府県などへの届出が必要。 ・入居資格は、施設によって異なる。自立者限定、要支援、要介護者限定、混合型など様々。 ・費用もピンからキリまで。前払金0～億円を要する施設もある。前払金の高いところは月額費用が比較的安い。
住宅型有料老人ホーム	・介護保険の特定施設入居者生活介護の指定がない住居。 ・介護は訪問介護、通所介護などの居宅サービスを利用。設立主体に制限はない。営利法人が中心。設立には都道府県などへの届出が必要。 ・入居資格は、施設により異なる。自立者限定、要支援、要介護者限定、混合型など様々。費用もピンからキリまで。前払金0～億円を要する施設もある。前払金の高い施設は月額費用が比較的安い。
認知症対応型共同生活介護（グループホーム）	・認知症高齢者のための共同生活住居。 ・設立主体に制限はない。 ・入居資格は要介護・要支援高齢者で認知症である者。 ・費用は有料老人ホームより割安。前払金もほとんど必要ない。部屋などは狭い。

（民間型２）

名　称	基本的性格　特徴
サービス付き高齢者向け住宅（サ高住）	・高齢者のための住居。安否確認、生活相談サービス付き。これ以外にも介護、家事、食事、健康管理サービスなどが付加されているところも多く千差万別。 ・玉石混交。設立主体に制限はない。営利企業中心。設立には都道府県などへの登録が必要。 ・介護は訪問介護、通所介護などの居宅サービスを利用するが、介護保険の特定施設の生活介護事業者の指定を受けているところもある。 ・契約が利用権方式主体の有料老人ホームと違ってサ高住は、賃貸借契約が主流であることを除けば、有料老人ホームと区別がつけづらい。 ・費用は、前払い金の支払いはほとんど必要なく、割安。家賃方式なので入退去もしやすい。高齢者向け住宅の中心になりつつある。
高齢者向け分譲マンション	・バリアフリーなどが充実した高齢者専用のマンション。食堂、大浴場などがついているところが多い。設立主体に制限はない。営利企業中心。行政の関与はない。 ・介護は、住宅型有料老人ホームやサ高住などと同じように訪問介護や通所介護などの居宅サービスを利用。 ・資産として購入するので相続ができるが、相続人が入居しない場合、管理費などの負担が大きく、売却する例がある。 この場合、一般のマンションよりマーケットが小さいので値崩れ幅が大きい。

5　終《つい》の住処《すみか》を決定する五つの要素

1　人生哲学

人生哲学というには少し大げさかもしれませんが、それぞれの方がご自分の終の住処についてどんな考え方を持っているかによって終の住処の選択先と入居のタイミングが異なります。バリエーションはいろいろありますが、考え方としては次の3つに大別できるでしょう。

①最後まで自宅で、家族の介護や訪問介護などを受けながら最期を迎えたい。子供たちに世話をかける反面、残った資産は子供たちに残す。

②自立ができなくなってもある程度まで自宅で介護を受け、家族の負担が重くなったら施設に入れてもらいたい。

③あまり家族には迷惑をかけたくない、あるいは面倒を見てくれる人がいないので

比較的元気で自立できているうちに施設に入りたい。この場合、子供たちには資産はあまり残せない。

どの考えが正しいとか、間違っているとかではありません。どのお考えも間違ってはいません。それぞれの皆さんが、どのお考えを持っているかによって後の対応が異なってくるということです。環境などの変化により、お考えが変わってくることもありますが、今、どんなお考えなのかを把握して、対応をシミュレーションしてみることをお勧めします。

親御さんの終の住処探しの場合は、親御さんがどういうお考えをお持ちか日ごろから話し合い把握しておくことが必要です。私の場合、直接聞いたことはありませんが、私がリタイアしたら田舎に帰ってきて同居（介護）してもらいたいというのが本心だったような気がします。

2 家庭・家族環境

自宅で最後まで過ごしたいと思っても、自立困難になり、面倒を見てくれる家族がいない場合は、自宅を終の住処にすることは困難でしょう。老夫婦二人暮らしの場合、お二人が元気なうちは問題ありませんが、どちらか一人が自立できなくなった場合、いわゆる老々介護になり、もう一方の方の負担が大きくなって共倒れになる危険があります。長期の老々介護は困難でしょう。片方の方が自立できなくなった場合、お二人とも施設に入るか、どちらか一方が入るか、経済力とも絡んで悩ましい決断が必要になってきます。できうれば、お二人での入居をお勧めします。

ご夫婦のどちらかが亡くなられ、お一人になられた場合、年齢や、健康状態にもよりますが、施設に入るか、そのままお一人で自宅で暮らすか、これも悩ましい決断が必要です。今は介護保険のおかげで一人になられてもかなりの程度、訪問介護やデイサービス、ショートステイなどのサービスを受けて生活できますが、最後はこれも限界があります。お一人の場合、我が家で最期をというのは、かなり難しい面があります。これは、ずっと独身で来られた方も同様です。

3 経済力

公共型施設の場合は比較的安く入居でき、生活できますが、民間型の有料老人ホームの場合、入居一時金、月額利用料など、施設によって異なりますが、相当の経済力を要します。手厚い介護や充実した設備のある施設に入りたいと思っても、それは経済力との兼ね合いになります。ご夫婦二人で入居する場合、通常の厚生年金や国民年金の受給者では毎月の費用（月額利用料など）を賄いきれないのが普通です。

費用の支払い方式については、有料老人ホームは、一般に入居一時金方式、月払方式、あるいはその選択制を採っています。入居一時金方式のところは、家賃の全部または一部を前払いするため、毎月の支払（月額利用料）が安くなります。月払方式の場合は、多額の一時入居金が不要な代わりに毎月家賃を支払わなければならないため毎月の支払額が高くなります。入居一時金方式は、資産（預貯金や土地など）をある程度持っておられる方に向いていますし、月払方式は、手持ちの資産はあまりないが、毎月の収入（年金＋家賃収入など）がかなり多い人向け、あるいは特養の入所待ちなど短期の入所を予定している方向けです。

特養や老健、グループホーム、サ高住などは一般に入居一時金の支払いは不要です。

ご自分の入居先を決める場合は、ご自分の経済力のみを計算すればいいわけですが、例えば親御さんの施設を選ぶ場合は、まず親御さんの経済力から計算していくことになります。親御さんの資産では足りず、子供として応援する場合も、いずれは自分の番が回ってくることを考えておかなければなりません。

表3　老人ホームなどの費用の支払い方式

方式	内　容
入居一時金方式（前払い）	・想定入居期間の家賃を前払いする入居一時金と食費、管理費などの月額利用料を支払う。このほか月額利用料に含まれない、介護保険料の自己負担分、おむつ代、医療費、娯楽費などを別途支払わなくてはならない。月額利用料以外の負担はかなり大きい。 ・想定入居期間の家賃を前払いする場合、全額前払いする方式と一部（例えば半分）前払いする方式がある。施設によって異なる。
月払い方式	・家賃の前払いはしないで、毎月支払う。月額利用料も併せて支払う。 ・月額利用料以外の支払いは入居一時金方式と同様。毎月支払う家賃は終身支払わなければならない。
選択方式	・入居希望者に、入居一時金方式か月払い方式かを選択させることをいう。選択方式という独自の計算式があるわけではない。 ・入居一時金方式と月払い方式のどちらが安上がりかは、試算できる。短期間の場合は月払い方式の方が安上がりであるが、おおむね５年程度で入居一時金方式の方が安上がりとなることが多い。

4 身体条件

入居する時点の入居者の身体状況がどのようなものであるかによっても、入居先の選択が変わってきます。

公共型施設で人気のある特別養護老人ホームは、原則として要介護3以上でないと入居できません。民間型の有料老人ホームは、施設によって入居時条件が様々です。有料老人ホームには、介護付きと住宅型があり、それによっても入居条件が異なります。

介護付きにも入居時自立の人しか入居させないところもあれば、介護度1以上に限定しているところもあります。また、自立の方でも要支援の方でも、要介護の方でも誰でも受け入れるところもあります。住宅型も同様です。つまり、ご自分の身体条件に合った施設にしか入居できないということです。

各種施設の特徴や、長所、短所などについては第3部で改めて説明します。

表4　入居時条件

条　件	内　容
自立者に限る（自立型）	・入居時自立（要支援、要介護認定を受けていない）の人しか入居できない。介護付有料老人ホーム、住宅型有料老人ホーム、サービス付き高齢者向け住宅に見られる。このタイプは居室も広く高級なものが多い。比較的若く入居し生活を楽しむ人向け。入居後介護が必要になれば自室、または介護居室で介護が受けられる。
要介護者に限る（介護型）	・要介護認定を受けた人しか入れない。ただし、夫婦などで入居する場合は、どちらか一人は自立でも受け入れるところもある。 ・介護専用タイプで居室や共用設備は狭いところが多い。
要支援者・要介護者に限る（介護型）	・要支援、要介護認定を受けた人しか入れない。介護型にほぼ同じ。
自立者・要支援者・要介護者・いずれも可（混合型）	・自立者、要支援者、要介護者、誰でも入れる。自立者も入れるが、基本的には介護専用タイプに近い。自立で入居する際、自立者が何人いるか調べておく必要がある。入ってみたら、自立者は一人だけで、話し相手がいないといった状況になる可能性がある。

（注）上記の他、特別養護老人ホームは原則として要介護度３以上、グループホームは認知症であることが条件です。こうした身体条件の他、年齢制限（施設によって異なる）があります。

5 好み・ニーズ・相性

高齢者向け住宅（施設）を選ぶ場合、人によってニーズや好みは様々です。終の住処ですから、できるだけそれぞれのニーズや好みに合ったものでなければなりません。身体的条件や、経済的条件などのほか、今の居住地に近いところがいいのか、少し遠くても静かなリゾート的なところがいいのか、騒がしくても交通の便の良い街中のにぎやかなところがいいのか、大型の施設が良いのか、こじんまりした家族的な施設を望むのか、部屋は広い方がよいのか狭くてもよいのか、医療面に強いところを望むのか、様々です。

また、ニーズや条件は合っているのに、何か気になる、相性が悪そうだ、入居者やスタッフがなんとなく気に入らないといった漠然とした不安も大事な点です。

＊終の住処選びは以上の5要素の組み合わせによって選ぶことになりますが、そう簡単ではありません。１００％満足できるところは少なく、ある程度妥協（諦め？）

が必要であることも事実です。

いろいろご相談に乗っている場合に、一番返答に困ることは、伊藤さんどこかいいところはありませんかという質問です。「ここはいいですよ、おすすめします」と言って「入居一時金5億円（本当にあります）」のところをお勧めしても、ほとんどの方には参考にならないでしょう。少なくとも、地域、予算、介護付きかどうかくらいは示していただく必要があります。求めているニーズや好みは千差万別ですから、まずご自分の求めているニーズを明確に把握しておくことが必要です。

こうした準備は、ご自分の終の住処の選ぶ際に必要なことですが、親御さんなどの終の住処選びには、日ごろからこうした点についての思いを聞いておくことが必要です。

6　選択のタイミング

老人ホームに入居する場合、いつが最適か、いつ決めなければならないのかという問いに対する一般的な解答はありません。それぞれの人生哲学や家族状況、身体状況によっても異なりますが、以下に述べるようにいくつかの節目、ステージがありますので、その中で自分に合ったタイミングを選んで対応する必要があります。

老人ホーム評価センターの経験からいうと、**多くの事例は、家族介護では手に負えなくなってせっぱ詰まった状況での相談です。**この場合は、もう自分で決められる状況ではなく、家族が思案に余って相談に来ることになります。こうした場合、よく調べてじっくり選ぶという時間的な余裕はありません。こうした事態を避けるためには、すくなくとも70歳を超えたら、まだ肉体的にも精神的にもお元気なうちに終の住処の勉強を始め、自分の思いをご家族に伝えておくことをお勧めします。50代、60代から勉強を始めても早すぎるということはありません。

1 自宅で最後まで過ごす場合

そういう環境に恵まれている方は、特に準備は要りませんが、自宅で最後まで過ごす場合、介護保険の知識、活用が不可欠です。自宅のバリアフリー化など介護保険からの補助もあります。

介護については、ケアマネージャーさんがケアプランを作成してくれますが、ケアマネージャーさんの言いなりにならないためには、ご本人や家族の方も介護保険について勉強されることをお勧めします。環境や状況が激変する場合（自宅での対応が困難になる）はどうするか、家族と日ごろから話しあっておく必要があります。また、体調が思わしくなくなったら早めに要支援、要介護の認定を受けておくことをお勧めします。いざという時慌てなくて済みます。認定をあらかじめ受けていなければ、介護保険の給付（支援）は受けられません。

2 家族介護が困難になったら施設に入る場合

家族介護といっても、子供夫婦が面倒を見てくれる場合と夫婦での老老介護の場合では少し違ってきます。この時点では、自分で自分に合った施設を探すということは困難でしょう。家族が探してくれたところに入ることになりますが、非常に安い施設に入れられた、施設を替わりたいという相談事例もあります。要介護4～5という段階であれば、もうそういう判断力もないと思いますが。要介護度2〜3程度で施設に入る場合は、まだ元気なうちによく調べておいて、こんなところに入れて欲しいと希望をはっきり家族に伝えておく必要があります。家族にはどんな施設がいいのか判断力は無いのが普通です。とにかく手近な、手ごろなところにということになりがちです。

なお、夫婦で施設に入る場合、二人同時に入るのか、一人ずつ入っていくのかという問題があります。この場合、二人の身体状況が異なっているのが普通ですから、どういうところに入るのか結構悩ましい問題になります。費用の問題もありますが、施設内で他の入居者と親しくなれるのは女性の方が上手ですし、お二人の安心感のためにも可能であればご夫婦一緒の入居が望ましいとの考え方もあります。

お二人とも、要介護認定を受けていれば、介護付き有料老人ホームの二人用の居室に入れますし、少し狭めの介護用居室（18㎡程度）を2室確保して入居するという選択もできます。

お二人のうち、お一人が要介護で、もう一方が自立の方の場合は、お一人は施設に入居し、お一人はご自宅でという選択もあれば、自立者、要支援者、要介護者のいずれの方でも受け入れる混合型の介護付き有料老人ホームへのご入居が選択肢となります。もちろん住宅型有料老人ホームやサービス付き高齢者向け住宅も選択肢ではありますが、施設によっては、介護型であっても、

・配偶者の一方が要介護認定を受けている。
・配偶者の一方が要支援あるいは自立である。

という場合でも受け入れてくれるところもあります。住宅型、サ高住での介護は、ご自宅で訪問介護を受けるのと同様です。この違いは、後でご説明します。以下のようなところが、選択の候補になります。

特養ホーム、介護付き有料老人ホーム（介護型、混合型）、サービス付き高齢者向け住宅、グループホームなど。

3 元気なうちに施設に入る場合

自立段階、あるいはせいぜい要支援段階のうちに施設に入る。この場合はまだ知力、体力、気力がありますので、計画的に調査して自分の好みやニーズに合った施設を選ぶ

ことができます。家の処分、持ち物の処分にも時間をかけられます。施設での生活を楽しむということに力点が置かれます。そのためには比較的居室面積も広く、娯楽その他の共用設備が充実したところが対象になりますが、当然、相当な経済力が必要になります。

元気なうちに施設に入る場合、そのタイミングがつかみ難いと思います。横断歩道を渡っていて、渡り切らないうちに信号が赤に変わって危ない思いをした、もう潮時だなと思って入居を決心したという話を聞いたことがあります。また、奥さまが毎日の食事や家事をするのが面倒になってきたのをきっかけに入居を決意したという例もあります。まだどこも悪くなく、ぴんぴんしているうちに入居され、施設から海外旅行に行かれている方もおられます。こうした方は、食、住、介護や看取りなどについての安心感を先買いすることになります。

以下が、選択の候補になります。

住宅型有料老人ホーム（自立型）、介護付有料老人ホーム（自立型）、サービス付き高齢者向け住宅、高齢者専用マンション（分譲型）。

4 自分の思いを家族に伝える

勉強を進めて、ある程度方向付けができたら自分の考え方を日ごろから家族に伝えておいてください。最後まで自宅に居たいのか、比較的元気なうちに施設に入りたいのか、自宅で家族が面倒を見きれなくなったら施設に入れてもらいたいのか、持ち家はどうするのかなどを伝えておくことが大事です。

突然親御さんの介護問題が発生した場合（介護問題は大体突然やってきます）、その子供さんは、通常介護問題については何の予備知識も持っていないでしょう。私のように途方に暮れかねません。良かれと思ってやったことが、今にして思えばああすればよかった、こうもすればよかったと反省しきりです。

ご自分の考えを、子供さんに伝えておくことは子供さんの負担を軽くすることにもなります。老人ホームなどの見学もできればご家族と一緒に行かれることをお勧めします。

7　参考資料

終の住処を考えるにあたって以下のような資料が参考になります。

●高齢者のための施設のご案内

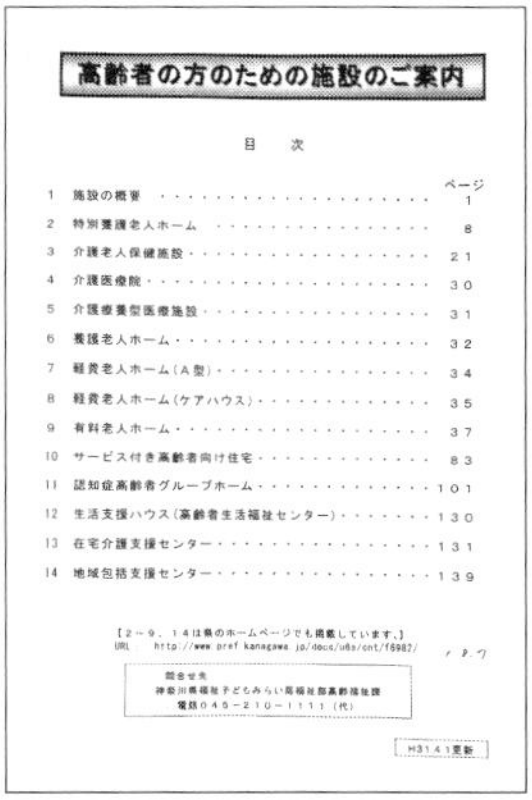
高齢者の方のための施設のご案内

目　次

		ページ
1	施設の概要	1
2	特別養護老人ホーム	8
3	介護老人保健施設	21
4	介護医療院	30
5	介護療養型医療施設	31
6	養護老人ホーム	32
7	軽費老人ホーム（A型）	34
8	軽費老人ホーム（ケアハウス）	35
9	有料老人ホーム	37
10	サービス付き高齢者向け住宅	83
11	認知症高齢者グループホーム	101
12	生活支援ハウス（高齢者生活福祉センター）	130
13	在宅介護支援センター	131
14	地域包括支援センター	139

【2～9、14は県のホームページでも掲載しています。】
URL　http://www.pref.kanagawa.jp/docs/u6s/cnt/f6982/

問合せ先
神奈川県福祉子どもみらい局福祉部高齢福祉課
電話045－210－1111（代）

H31.4.1更新

これは、筆者の居住する神奈川県が毎年発行している資料です。県内の高齢者用の施設（特養、老健、介護医療院、介護療養型医療施設、養護老人ホーム、軽費老人ホーム、有料老人ホーム、サ高住、グループホーム、生活支援センター、地域包括支援センター）の概要（住所、電話、事業主体、定員など）が網羅されており、どこにどんな施設があるのか知るのに大変役に立ちます。神奈川県では電話で請求すれば無料で送ってくれます。他の都道府県でも同様のものがあると思います。

請求先　神奈川県福祉こども未来局福祉部高齢福祉課

☎　０４５―２１０―１１１１（代）

ご案内掲載の主要施設については、県のホームページにも掲載されています。また、有料老人ホームの重要事項説明書も県のホームページから閲覧・入手できます。

●図解　介護保険の仕組みと使い方がわかる本

介護保険の解説書は多数ありますが、あまり詳細なものはかえってわかりづらく、筆者が読んだ限りでは、これが最もわかりやすく、必要にして十分です。直近（２０１８年度）の制度改正も反映しています。

講談社　監修者　牛越博文

定価１４００円（税別）２０１８年７月24日第１刷発行

※介護保険認定ついては市町村で作成したパンレットなども有益です。介護保険課などで入手できます。

●有料老人ホームの基礎知識

これは公益社団法人 全国有料老人ホーム協会の発行資料です。有料老人ホームの基礎知識や選び方、費用、チェックリストなどがわかりやすく解説されています。ただし、これは市販されておらず、入手するためには全国有料老人ホーム協会の会員になる必要があります。

有料老人ホーム協会の会員になるのは無料で、会員になると基礎知識の他、年2回、輝きニュースという会報を無料で送ってくれます。この会報も有益で、「高齢者の介護事故の裁判例から読み解く」、「高齢期の住まいへの入居を考えている皆様からのご質問と回答」、「全国有料老人ホーム協会に寄せられた苦情相談の傾向とその内容について」などの特集記事が掲載されています。また、会員になると有料老人ホームなどへの入居に関する相談や資料請求にも応じてくれます。

請求先　有料老人ホーム協会
〒103―0027　東京都中央区日本橋3―5―14
アイ・アンド・イー　日本橋ビル7階　☎03―3272―3781（代表）

●老人ホームの暮らし365日

老人ホームとはどんなところか、どんな生活が繰り広げられているのか、77歳で介護付き老人ホーム（自立型）に入居した著者が、老人ホーム生活1年を振り返って自らつづった体験記です。

著者は作家で、百冊以上の著作があり、作家ならではの筆力で老人ホーム入居の動機から、老人ホーム選びの実際、引っ越しの苦労、老人ホームでの日常生活、これまでの地位や身分とは無縁の老人ホームで快適に暮らす心得などが活写されています。

老人ホームの生活がどんなところかを知るのには最適です。また、予想以上の引っ越しの苦労なども参考になります。是非一読をお勧めします。

展望社　1、600円（税別）菅野国春著　2013年11月28日　第1刷発行

●老人ホームのそこが知りたい

老人ホームの暮らし365日の続編です。

老人ホームの暮らし365日の読者から寄せられた質問や反響をもとに、老人ホームに入居を決めるまでの経緯、老人ホームの暮らしの真相、老人ホームの食生活、老人ホームの人間関係、趣味の同好会、老人ホーム入居のメリット、老人ホームの経済学、老人ホームの介助と介護、老人ホームでの死などに焦点を当て

て解説しています。

前書は入居1年後の経験をつづったものでしたが、続編は老人ホーム生活3年の生活をベースとしており、老人ホームの省察は一段と深みを増しています。途中で入院等の経験談もあります。有料老人ホーム入居をお考えの方には必読の案内書です。

なお、『老人ホームの暮らし365日』でも、『老人ホームのそこが知りたい』でも、老人ホームのマイナス面については一切触れられていません。

これは、先輩の入居者からいろいろ愚痴話を聞いても、実感として受け取れなかった、本書でホームのマイナス面をあげつらっても、それは筆者個人の感想であってみんなに共通する話ではない、との考え方に基づくものですし、何よりも現在の老人ホーム生活に基本的に満足しておられるからです。

しかし、老人ホームにもいろいろあって、様々なトラブルが発生していることも事実です。そうしたトラブル事例や、トラブルの回避策については、本書の第3部で触れていますので参考にしてください。

展望社　1、600円円（税別）菅野国春 著　2015年8月24日　第1刷発行

第2部

自宅を終《つい》の住処《すみか》にしたい場合

――老後も自宅で受けられるサービスを知る――

1　自宅を終の住処にする場合の留意点

２０１７年の厚生労働省調査によれば、日本人の死亡場所は病院が約75％、自宅が約13％、その他約12％となっています。

その他は、特別養護老人ホームや有料老人ホームなどでの死亡と思われます。病院死が最も比率が高いですが、長期に入院していてそのまま病院で亡くなるという例は少数で、ほとんどは自宅で生活していて最後の段階に病院に担ぎ込まれるという例が大部分ではないかと思われます。とすると、ご本人が望んだにしろ、しなかったにしろ、終の住処の最大の候補は自宅と言っても間違いではないでしょう。

事実、筆者の住んでいる地域をみても、施設に入居している高齢者よりも自宅で介護を受けている人が圧倒的に多いようです。

我が家のすぐご近所のご高齢（90歳近い）の女性は、10数年前にご主人を亡くされ、お子さんもおられず、近親者もほとんどいないという独居老人ですが、訪問介護、デイサービス、ショートステイなどを利用しながら生活しておられました。その生活ぶりを拝見していると、相当程度まで独居であっても自宅で生活が可能なことがわかりますが、利用している介護事業所のスタッフが総掛かりで対応しているような感じです。

ただし、近年、認知症が進み、早朝から外に出ようとするので、外から鍵を掛けられ、内側からドアを開けられないようにされてしまいました。火事などあったらどうしたらいいのかと、成年後見人や介護事業所の職員に尋ねてみても、妙案が浮かばず、いざとなったらドアを斧か何かで叩き壊すより仕方がないかと思ったりしていましたが、つい最近、グループホームへの入居が決まり、転居されました。もう帰ってこられないでしょうとのスタッフの挨拶で、複雑な思いがしました。ずいぶん前から成年後見人などに、もう自宅で暮らすのは無理ではないかと、施設への入居を勧めていましたが、本人がどうしても施設に入りたくないと言い張るので困っていますということでした。それがどういう心境の変化だったかわかりませんが、グループホームが終の住処になるようです。

平成30年10月23日付の朝刊に面白い記事が出ていました。民間調査会社「リサーチ・

アンド・ディベロップメント」の調査によるものだそうですが、50歳から79歳の既婚の男女を対象に介護が必要になった時に暮らしたい場所について問うたものです。男性は55％が自宅希望、高齢者向け施設希望が30％に対して、女性は自宅希望が42％、高齢者向け施設希望は39％となっています。女性の施設希望の比率が高いのが意外です。また、誰が心の支えかとの問いに、男性の自宅希望派の87％が配偶者と答え、施設派も80％が配偶者となっています。一方、女性は、配偶者が心の支えと答えた比率は、自宅派は66％、施設派は70％となっており、男性側の配偶者を頼りにしている比率の高さが際立っています。

また、平成30年10月23日付の日経新聞（朝刊）に「自宅で最期を　救急隊員戸惑い」という記事が出ていました。病気で終末期を迎えた際に駆けつけた救急隊員に患者の家族が心肺蘇生措置を拒否する事例が急速に増えているという記事です。このような例が平成29年には全国で２０００件以上、消防本部の過半数が体験しているそうです。

冒頭に紹介しましたように日本人の死亡場所は、病院が最も多くおよそ75％あり、自宅での死亡は13％程度しかありませんが、自宅死が今後もっと増えることが予想されます。自宅を終の住処にする人が増えるということです。

自宅を終の住処にする場合、以下のようなパターンがあります。

1 家族（子供さん）と同居（2～3世代）している

この場合は、家族介護と介護保険のサービスを受けながら、最後まで面倒を見てもらえそうです。

2 夫婦お二人で暮らしている

お子さんがいない。あるいはお子さんがいても遠隔地で生活しているような場合は、遠距離介護のお子さんも、老々介護のお二人も負担が大きいです。いずれお一人になったらどうするかを考えておく必要があります。

3 ご夫婦のどちらかが亡くなられた場合、あるいは独身者

お一人での生活は、前に書いた方のようにしばらくは何とかなるとしても、いずれ

施設などへの住み替えの必要性が生じるでしょう。最後までご自宅でというご希望の場合は、それも不可能ではありませんが、孤独死などの覚悟が必要でしょう。もっとも孤独死と言っても、ヘルパーさんが毎日訪問してくれる場合は、せいぜい1日経てば気づいてもらえるでしょうし、家族と同居していても、ご家族が気づかないうちに亡くなっておられる場合もありますので、絶対的な違いはないのかもしれません。

4 別に家を構えておられる子供さん宅での同居

別に家を構えておられる子供さんと同居される場合もあります。遠隔地にお住いのご両親を呼び寄せて同居される方も多いと思います。これは準自宅と言ってよいと思いますが、親御さんとの同居は、第1部でご紹介した私の失敗例のように子供の世話にはなりたくないという親の心情と、どう世話してよいかよくわからないという子供の状況など微妙なものがあります。子供さんの自宅に呼び寄せるのではなく、子供さん宅近くのサービス付高齢者向け住宅などに住んでもらうといった例も見受けられます。

2　介護保険とは

自宅を終の住処にする場合も施設を終の住処にする場合も、介護保険についてある程度の知識を持つことが必要です。細かく解説すればキリがありませんし、その必要もありませんが、自宅を終の住処にする場合は、下記にご紹介する程度の知識は不可欠です。ご本人はもちろん、ご家族の方も勉強してください。

1　介護保険の仕組みと活用法

介護保険法は１９９７年（平成９年）に制定され、２０００年に施行された法律です。この法律により我が国の高齢者介護の仕組みは抜本的に変わりました。その内容は大変複雑ですので、我々が利用する場合に必要な部分に限って概要を説明しましょう。

①保険者

介護保険の保険者とは、お住いの市町村及び東京都の特別区です。つまり、介護保険を運営する団体のことです。

②被保険者

介護保険のサービスを受けられる人をいい、以下の1号被保険者と2号被保険者があります。

＊第1号被保険者　医療保険に加入している65歳以上の人

日常生活で介護が必要であると認定された場合にサービスが利用できます。65歳になると被保険者証が送られてきます。

＊第2号被保険者　医療保険に加入している40歳以上65歳未満の人

次の16の病気（特定疾病）のいずれかにかかっており、日常生活に介護や支援が必要であると認定された場合にサービスを利用できます。

③参考：特定疾病

①ガン（末期）②関節リュウマチ ③筋萎縮性側索硬化症（ＡＬＳ）④後縦靭帯骨化症 ⑤骨折を伴う骨粗しょう症 ⑥初老期における認知症 ⑦進行性核上性麻痺、パーキンソン病及びパーキンソン病関連疾患 ⑧脊髄小脳変性症 ⑨脊髄間狭窄症 ⑩早老症 ⑪多系統萎縮症 ⑫糖尿症性神経障害等 ⑬脳血管疾患（脳出血、脳梗塞等）⑭閉塞性動脈硬化症 ⑮慢性閉塞性肺疾患（肺気腫、慢性気管支炎等）⑯膝関節または股関節の著しい変形を伴う変形性関節症 （注）病名は一部簡素化して表記しているものがあります。

2 介護保険で受けられるサービス

［1］ 在宅サービス

自宅で受けられるサービスです。ご自宅を終の住処に選んだ場合やある程度介護度が重くなるまではご自宅で過ごしたいとお考えの方は以下のサービスの中から、ご自分の身体条件に合ったサービスを選んで受けることになります。

①訪問サービス（ホームヘルプ）

・身体介護―排泄、食事、衣服の着脱、入浴、通院などの介助

・生活援助―掃除、洗濯、調理、買い物、ゴミ出しなど

・相談、助言

＊――対象は要介護1以上の方です。

＊――日常目にする最も一般的なサービスです。

（注1）サービスに応じて時間単位での費用が定められている。

（注2）サービスは直接本人の援助以外の、例えば家族分の洗濯、調理などは対象外。

（注3）日常活動の援助以外のペットの世話、庭の草むしり、窓ガラス拭きなどは対象外。

②訪問入浴介助

寝たきりの状態で入浴が困難な場合に、入浴設備や簡易浴槽を積んだ移動入浴車で自宅を訪問し入浴の介助を行ってくれます。

なお、自宅のお風呂で入浴の介助を受ける場合は訪問介護になります。
＊――対象は、要支援1、2および要介護1以上の方です。

③訪問看護

訪問看護ステーションや病院の看護師など（保険師、理学療法士など）が自宅を訪問して療養上の必要な診療の補助を行います。病状の安定期にある人が対象です。血圧測定、床ずれの予防、点滴、導尿、経管栄養などのサービスを行います。
＊――対象は、要支援1、2および要介護1以上の方です。

④訪問リハビリテーション

病状が落ち着いていて自宅でのリハビリが必要と主治医が認めた場合に、病院・診療所の理学療法士や作業療法士などが自宅を訪問し、マッサージ、運動などのリハビリを行ってくれます。
＊――対象は、要支援1、2および要介護1以上の方です。

⑤居宅療養管理指導

通院困難な人に対し、病院や診療所、薬局、訪問介護ステーションなどの医師や歯科医師、薬剤師、看護師、歯科衛生士などが家庭を訪問して療養上の管理や指導をしてくれるサービスです。

＊――対象は、要支援1、2および要介護1以上の方です。

⑥定期巡回・随時対応型訪問介護・看護

医療的介護ケアが必要な利用者に24時間体制で一日複数回の定期訪問と随時訪問を介護と看護をセットで受けられるサービスです。

＊――対象は、要介護1以上の方です。

⑦夜間対応型訪問介護

夜間に自宅に来てくれて介護が受けられるサービスです。定期巡回してくれたり、要請によって随時来てくれるサービスがあります。

＊――対象は、要介護1以上の方です。

［2］　施設に通って受けるサービス

①通所介護（デイサービス）

自宅から施設に通って、食事や入浴、排せつなどの介護や機能訓練を受けるサービスです。レクリエーションなどもあります。通常、施設から車で迎えに来てくれ、帰りはまた送ってくれます。費用は送迎費込です。サービスを受ける方のメリットはもちろん、介護する家族の方などにも一定の時間、介護から手が離れて休息や気分転換がはかられる効用があります。デイサービスと呼ばれます。

＊――対象は、要介護1以上の方です

②通所リハビリテーション（デイケア）

デイサービスと同様施設に通って受けるサービスですが、サービスの中心は自立を目指すリハビリテーションで主治医の指示により受けます。通所リハビリは病院、診療所、または介護老人保健施設で行い、必ず医師が配置されています。デイサービスより対応できる施設の数はあまり多くありません。デイケアと呼ばれます。

＊――対象は、要支援1、2および介護1以上の方です。

③認知症対応型通所介護（認知症限定デイサービス）

認知症の方に限定したデイサービスです。

＊――対象は、認知症のある要支援1、2および要介護度1以上の方です。

［3］　施設に宿泊して受けるサービス（ショートステイ）

①短期入所生活介護

何らかの理由で一定期間自宅での介護が受けられない場合に利用できるサービスです。

一般にショートステイと呼ばれます。特別養護老人ホームや老健施設に宿泊して介護を受けます。1泊2日から連続30日以内の宿泊が可能です。大変人気の高いサービスです。

＊――対象は要支援1、2および、要介護1以上の方です。

②短期入所療養介護

日常生活の援助の他、医療的なケアや機能訓練が必要な場合に受けるサービスです。利用施設は、老健施設や療養病床を持つ病院、診療所などです。宿泊日数は、短期入所生活介護と同様です。利用者の体調が一時的に悪化して自宅での介護が困難な時や、介護する家族の冠婚葬祭、旅行、あるいは、休養のために利用できます。大変人気の高いサービスです。短期入所生活介護もほぼ同様の趣旨で利用できます。

＊――対象は、要支援1、2及び要介護1以上の方です。

③小規模多機能型居宅介護

訪問介護や通所介護のほか、宿泊サービスがセットで受けられるサービスです。サービスごとに複数の事業者と契約を結ぶのではなく、1つの事業者との契約によって複合的なサービスが受けられます。これは地域密着型サービスと位置づけられており、登録人員は、29人以内、通所の定員は18人以内、宿泊は9人までと小規模です。

＊――対象は、要支援1、2及び要介護1以上の方です。

④看護小規模多機能型居宅介護

小規模多機能型居宅介護との違いは、主治医の指示で訪問看護を利用できることです。

＊――対象は、要介護1以上の方です。

［4］その他のサービス

自宅を終の住処とする方にとって役立つその他のサービスとして、以下のようなものがあります。ご利用されたい場合は、市町村の介護保健課、地域包括支援センターやケアマネージャーに相談してみてください。

①福祉用具の貸与

車いすや特殊寝台、床ずれ防止用具、歩行器、移動用リフトなどの福祉用具を借りることができます。利用料（レンタル料）がかかります。

＊――対象者は要支援１、２及び要介護１以上の方ですが、介護度によってレンタルできる福祉用具が異なります。

②福祉用具購入費の補助

入浴や排せつに使用するシャワーチェアやポータブルトイレなど、性質上レンタルになじまない福祉用具については購入にあたって補助の制度があります。

購入は年度間10万円が限度で自己負担（1～3割）があります。

＊――対象は要支援１、２及び要介護１以上の方です。

③住宅改修費の支給

自宅に手すりの設置、滑り止め防止、段差解消などの住宅改修を行った場合、年間20万円を限度として支給されますが、自己負担分（1〜3割）があります。

以前は毎年補助がありましたが、2018年の制度改正で、要介護度が3段階以上上がった場合や転宅した場合は、追加して利用できます。

＊――対象は、要支援1、2及び要介護1以上の方です。

以上、在宅で介護を受ける場合のメニューを解説しましたが、別途施設に入居して受けるサービスとしては、介護老人福祉施設（特養）、介護老人保健施設（老健）、介護療養型医療施設（療養病床・介護医療院）があります。

また、有料老人ホームやサービス付き高齢者向け住宅に居住する場合の介護保険の利用方法については、第3部で説明します。

3　介護保険サービスを受けるための手続き

1号被保険者の場合、65歳になると市区町村から介護保険被保険者証が送られてきます。ただし、これを受け取っただけでは、介護サービスは受けられません。医療保険のように病院の窓口で健康保険証（健康保険被保険者証）などを提示すれば治療が受けられるものとは異なります。

サービスを受けるためには、あらかじめ要支援1、2、要介護1以上の認定を受けている必要があります。その手続きは以下のとおりです。

1　申請

①窓口

居住地域の市区町村の窓口に本人、あるいは家族が申請します。窓口は介護保険課ですが、市区町村によっては多少名称が異なる場合があります。

出先の市民センターなどで受け付けるところもありますし、地域包括支援センター（地域によっては、いきいきサポートセンター、高齢者よろず相談センター等といった愛称などをつけている所がある）でも代行してやってくれます。

申請の前に手続きについて介護保険課や地域包括支援センターなどに相談した方が効率よく手続きが進みやすいと思います。

②申請書類など

①介護保険証（介護保険被保険者証）

②介護保険要介護・要支援認定申請書

③本人の印鑑（市区町村によっては必要ない場合もある）

（注1）日常生活に支障はないか、運動能力や筋力に衰えはないか、食事がとれているかなどの質問集（基本チェックリスト）の提出を求められるところもあります。

（注2）介護保険要介護・要支援申請書には主治医名などを記入する欄があり、主治医の意見が求められますので主治医をあらかじめ決めておく必要があります。主治医がいない場合は窓口で相談に乗ってくれます。

2 認定

①訪問調査

申請後、調査員（市区町村の職員あるいはケアマネージャー）が自宅に来て本人の状態を確認します。調査は主として聞き取り調査です。全国共通の調査項目に基づき、本人や、家族から日常生活の実情をヒアリングします。

②主治医の意見書

市区町村の依頼により主治医が申請者の身体状況についての同意書を発行します。このため本人の状況をよく知っている主治医が必要になります。費用の本人負担はありません。

③一次判定

訪問調査で作成された調査票をコンピュータ処理し、判定結果を出します。

④介護認定審査会

1次判定の結果をもとに市区町村の保険、医療、福祉の専門家が一堂に会し要介護状態の判定が行われます。

⑤認定結果の通知

原則として申請してから30日以内に認定結果が通知されることになっています。認定通知書には要介護度が記載されています。

（注1）要介護度によって利用の限度額とサービス内容が決まります。
（注2）認定には有効期間が記載されています。初回の有効期間は原則6ケ月で、2回目以降は原則1年です。

⑥不服申し立て

介護認定結果に不服がある場合は、通知を受けてから90日以内に都道府県に設置されている介護保険審査会に不服申し立てができます。

ただし、この不服申し立てはかなり時間がかかる（数ケ月）ようです。これに代わる方法として区分の変更を申請する方法があります。

いずれにしても認定結果に不服がある場合は、市区町村の窓口に相談することをお勧めします。

4　認定区分の目安

次のページ（表5）の認定区分は、厚生労働省の示した基準です。きわめてわかりづらいので各自治体ではこれをもとに多少わかりやすく表現を変えています。各状態区分ごとの末尾に＊をつけた表現は、筆者が居住する神奈川県藤沢市の表現です。これだとかなりわかりやすいですね。

表5　認定区分

状態区分	各状態区分の平均的な状態
要支援1	・居室の掃除や身の回りの世話の一部に何らかの介助（見守りや手助け）を必要とする。 ・立ち上がりや片足での立位保持などの複雑な動作に何らかの支えを必要とすることがある。 ・排せつや食事はほとんど自分一人でできる。 ＊身の回りのことはおおむねできているが、生活上何らかの支援が必要。
要支援2	・身だしなみや居室の掃除などの身の回りの世話に何らかの介助（見守りや手助け）を必要とする。 ・立ち上がりや片足での立位保持などの複雑な動作に何らかの支えを必要とする。 ・歩行や両足での立位保持などの移動の動作に何らかの支えを必要とすることがある。 ・排泄や食事はほとんど自分一人でできる。 ＊日常生活の中で身の回りのことについて支援が必要。
要介護1	・身だしなみや居室の掃除などの身の回りの世話に何らかの介助（見守りや手助け）を必要とする。 ・立ち上がりや片足での立位保持などの複雑な動作に何らかの支えを必要とする。 ・歩行や両足での立位保持などの移動の動作に何らかの支えを必要とすることがある。 ・排泄や食事はほとんど自分一人でできる。 ・いくつかの問題行動や理解低下がみられることがある。 ＊歩行が不安定で、身の回りのことや入浴に介助が必要。

状態区分	各状態区分の平均的な状態
要介護2	・身だしなみや居室の掃除などの身の回りの世話の全般に何らかの介助（見守りや手助け）を必要とする。 ・立ち上がりや片足での立位保持などの複雑な動作に何らかの支えを必要とする。 ・歩行や両足での立位保持などの移動の動作に何らかの支えを必要とする。 ・排泄や食事に何らかの介助（見守りや手助け）を必要とすることがある。 ・いくつかの問題行動や理解低下がみられることがある。 ＊立ち上がりや歩行が自分では難しいことが多く、衣服の着脱や身の回りのことなどに介助が必要。
要介護3	・身だしなみや居室の掃除などの身の回りの世話が自分一人でできない。 ・立ち上がりや片足での立位保持などの複雑な動作が自分一人でできない。 ・歩行や両足での立位保持などの移動の動作が自分一人ではできない。 ・排泄や食事が自分一人でできない。 ・いくつかの問題行動や全般的な理解の低下がみられることがある。 ＊立ち上がりや歩行が難しく、衣服の着脱や身の回りのこと、排せつなどに介助が必要。

状態区分	各状態区分の平均的な状態
要介護４	・身だしなみや居室の掃除などの身の回りの世話がほとんどできない。 ・立ち上がりや片足での立位保持などの複雑な動作が自分一人ではできない。 ・歩行や両足での立位保持などの移動の動作が自分一人ではできない。 ・排泄や食事がほとんどできない。 ・多くの問題行動や全般的な理解の低下がみられることがある。 ＊寝たきりに近い状態で、身の回りのことほとんどに介助が必要）
要介護５	・身だしなみや居室の掃除などの身の回りの世話がほとんどできない。 ・立ち上がりや片足での立位保持などの複雑な動作がほとんどできない。 ・歩行や両足での立位保持などの移動の動作がほとんどできない。 ・排泄や食事がほとんどできない。 ・多くの問題行動や全般的な理解の低下がみられることがある。 ＊（寝たきりの生活のため、食事を含めて日常生活すべてに介助が必要）

（注１）要支援（予防給付対象者）と要介護（介護給付対象者）の違い

要支援となるのは、サービスの利用によって心身の状態が改善する可能性が高いと判断される人です。具体的には、不活発な生活によって筋力低下や低栄養になどに陥っている人（廃用症候群）などが考えられます。ただし、上記のような人でも認知症が進行していたり、疾病が外傷で心身の状態が不安定な人は要介護となります。

（注２）各状態区分の平均的な状態。末尾の＊は筆者が居住する神奈川県藤沢市の表現。

5　1ケ月当たりのサービスの利用限度額と利用者負担

1 居宅サービスの支給限度額と利用者負担額（表6）

表6　居宅サービスの支給限度額と利用者負担額

要介護状態区分	支給限度基準額	利用限度額の目安
要支援1	5,003単位	53,400円
要支援2	10,473単位	111,800円
要介護1	16,692単位	178,200円
要介護2	19,616単位	209,400円
要介護3	26,931単位	287,600円
要介護4	30,065単位	329,000円
要介護5	36,065単位	385,100円
利用者の負担額		
利用者の所得により費用の1割、2割、3割相当額を負担します。		

（注）1　著者が居住する神奈川県藤沢市の基準です（藤沢市　わたしたちの介護保険2018年4月版）。
2　支給限度基準額の単位は、個々の介護サービスごとに定められています。
3　1単位の単価は地域によって定められています。単価は地域によって異なります。単位は原則10円ですが、地域によって10円を基準に増減があります。
4　支給限度基準を超えたサービスの利用も可能ですが、その場合は原則として利用限度額の1～3割負担ではなく10割負担となります。
5　デイサービスやショートステイなどのサービスを利用する場合は、上表の利用限度額の目安の自己負担額のほか、食費、日常生活費、滞在費などが別途かかります。

2 通所サービスの場合の支給限度額と利用者負担額

デイサービスなどの通所系サービスは、前ページの表6の利用者負担額のほか、食費（食材費＋調理コスト相当分）と日常生活費などがかかります。

なお、通所サービス負担にあたって、前ページの表の金額に通所サービスの費用が加算されるわけではありません。居宅サービスの費用の中には通所サービスの費用の枠も含まれており、加算されるのは通所サービスにかかる食費や日常生活費です。（3）の施設サービス利用の場合も同様です。

3 施設サービス利用の場合の支給限度額と利用者負担額

ショートステイの利用や特定施設などの施設に入居した場合は、上表の利用者負担額のほか、食費（食材費＋調理コスト相当分）、滞在費（室料＋水道光熱費相当分）および日常生活費などがかかります。

4 利用者負担割合

介護サービスを利用した時の利用者の負担割合は、本人及び同一世帯の人の前年の所得や年金収入に応じて決まります。

利用者負担割合の算定基準は表7の図のとおりです。

2割、または3割負担になっても、高額介護サービス費の支給による負担上限があるため、すべての負担が1割負担に比べて2倍、3倍になるわけではありません。

事業対象に該当した人と要介護認定

表7　自己負担割合

3割負担の方	以下の①、②を両方満たす人 ①本人の合計所得金額が２２０万円以上 ②同一世帯の65歳以上の人の 年金収入＋その他の合計所得金額 ≧単身３４０万円／２人以上４６３万円
2割負担の方	以下の①、②を両方満たす人 ①本人の合計所得金額が１６０万円以上 ②同一世帯の６５歳以上の人の 年金収入＋その他の合計所得金額 ≧単身　２８０万円／２人以上３４６万円
1割負担の方	上記以外の人

※以上は筆者居住の神奈川県藤沢市の資料から転載しました。

を受けた人は、「介護保険負担割合証」が交付されます。

6　介護保険サービスの利用へ

要介護や要支援と認定されてもそれだけで介護サービスが受けられるわけではありません。以下、実際にサービスが提供されるまでの流れを見てみましょう。

1　ケアマネージャーの決定

実際に介護サービスを受けるためには、介護が必要な人の相談に乗ったり、具体的なケアプランの作成やサービスの管理を行ってくれる介護支援専門員（以下「ケアマネージャー」といいます）を選ぶ必要があります。

ケアマネージャーは、居宅介護支援事業所などに所属しています。わからない場合は、市区町村の窓口や地域包括支援センターに相談すると教えてくれます。通常、要介護認定の結果通知書と一緒に居宅介護支援事業所のリストが送られてきます。

2　ケアマネージャーの選び方

ケアマネージャーは誰でもよいというわけではありません。

・介護を必要とする人の立場に立って親身に対応してくれる人
・専門知識が豊富な人
・サービス事業所とうまく連携できる人
・必要な時に気軽に自宅に足を運んでくれる人
・気が合う人（意外と大事です）

＊近所で介護を受けている人がいれば、評判を聞いてみるのも役に立ちます。

3　契約

ケアマネージャーが決まったら、契約を交わします。

契約が済んだら所定の「居宅サービス計画作成依頼書」に記入し市区町村に提出します。

4 介護サービス計画（ケアプラン）の作成

ケアマネージャーとの契約が終了したら具体的にどのような介護サービスを受けたら良いのか、要介護者の状況に応じたケアプラン（原案）をケアマネージャーが作ってくれます。この段階で本人や家族の要望を十分伝えましょう。

ケアプランは、週間スケジュールで作成されます。介護区分に応じて訪問介護や通所介護、入浴サービスなどが日ごとに時間単位で作成されます。例えば、要介護1では、訪問介護が週5回、訪問看護が週1回、通所介護か通所リハビリが週1回、短期入所が半年に2週間といった具合です。介護度が上がるにしたがって訪問回数などが増えていきます。

5 ケアプラン（原案）のチェック

ケアプラン（原案）ができたら本人や家族の意向に沿ったものであるか、費用（利用者負担額）が妥当か（支払い能力の範囲内かどうか）などをチェックします。不満な点などあれば、直してもらいましょう。

6 サービス担当者会議

ケアプランの原案が確定したら、介護サービスに関係するメンバーが一堂に会して介護サービスの方針や内容について検討します。参加者は、本人・家族、主治医、サービス事業者、ケアマネージャーなどです。ここで修正すべき点があれば、修正し、原案どおりでよければ決定します。

7 サービス事業者と契約

ケアプランにしたがって実際に介護サービスを提供してくれるサービス事業者を選定し、契約する必要があります。どこを選べばよいかは、ケアマネージャーや地域包括支援センターなどに相談するといいでしょう。近所でサービスを受けている人に聞いてみるのも参考になります。サービス事業が決まれば事業者と契約します。その後、具体的なサービスが始まります。

8 ケアマネージャー等の変更

①でケアマネージャーの選び方を解説しましたが、どうしても担当のケアマネージャーと気が合わない、対応ぶりに不満がある場合は次のような方法でケアマネージャーを変えてもらうことが可能です。

①担当ケアマネージャー本人と相談する

本人と直接話をするのはしづらいかもしれませんが、その場合は契約している居宅介護事業所に相談する。しかし、小規模な事業所の場合、ほかにケアマネージャーがいない場合もあります。

②別の居宅事業所に相談する

新しい契約を結ぶことになります。

③地域包括支援センターや市区町村の介護保険課に相談する

以上の方法がありますが、まずは地域包括支援センターか介護保険課に相談してみることをお勧めします。ケアマネージャーだけではなく介護事業所と折り合いが悪い場合も同様です。

7　介護保険以外の介護サービス

あまり知られてはいませんが、介護保険サービス以外にも、介護保険サービスを補完するサービスがあります。介護保険で非該当（自立）とされた方や、介護保険のサービスでは足りない部分を補いたい方には便利です。これらも利用できるものがあれば活用しましょう。

1 市町村の独自サービス

介護保険とは別に市町村などが独自で高齢者向けに外出支援サービスや配食サービス、理美容サービスなどを行っている例があります。お住いの市町村などの高齢者福祉関係の窓口に問い合わせてみてください。

2 民間企業などのサービス

生協、ＮＰＯ法人、シルバーセンターその他民間企業が行っている配食サービス、看護師・家政婦（夫）派遣、家事代行サービスなどもあります。費用は全額自己負担ですが、利用できる方は、市町村の高齢者福祉関係の窓口などに問い合わせてみてください。

第3部　高齢者向け施設や住宅を終《つい》の住処《すみか》にしたい場合

――高齢者のための施設の長所と短所を見きわめる――

高齢者向け施設や住宅を終の住処にする場合、まずどんな施設や住宅があり、どれが自分のニーズに合っているかを知る必要があります。第1部の4で終の住処の候補を簡単に紹介しましたので、重複する部分もありますが、ここでは、もう少し詳しくその内容や選ぶ場合の注意点などを解説します。その中からご自分に合った施設や住宅を選んでください。絶対数の少ない養護老人ホーム、軽費老人ホームは除いています。

1　各種高齢者向け施設や住宅の種類と特徴

特別養護老人ホーム（特養）

1　施設の概要

介護保険上の老人福祉施設で、施設数約1万、定員約60万人（2018年度末、厚

労省調べ）、公共型施設の中心的施設です。通称『特養』といいます。福祉施設となっていますが、入居に所得制限はなく、原則として65歳以上で要介護3以上であれば入居資格があります。介護度が1、2でも以下の特別な理由（※）があれば入居できます。

※特別な理由とは

①認知症患者であって、日常生活に支障をきたすような症状・行動や意思疎通の困難さが頻繁にみられる。
②知的障害・精神障害などを伴い、日常生活に支障をきたすような症状・行動や意思疎通の困難さが頻繁にみられる。
③家族などによる深刻な虐待が疑われることなどにより、心身の安全・安心の確保が困難である。
④単身世帯である。同居家族が高齢又は病弱であるなどにより家族などによる支援が期待できず、かつ、地域での介護サービスや生活支援の供給が不十分であるなどです。

・設立者は、地方公共団体、社会福祉法人に限られています。
・主務省は厚生労働省で、都道府県知事の指定を受けて設立されます。
・経営状態は、入居率はほぼ100％で比較的安定しています。しかし、最近は人手不足で介護職員などを確保できないため入所希望者がいても受け入れられず、ベッドに空きが出て、経営状態が悪化しているところもあるようです。

・居室は、近年個室が増えてきていますが、まだ大部屋のところもあります。広さは10・65㎡（約7畳）以上です。

・費用は、入居者の所得状況によって異なります。所得に応じて様々な割引があるからです。居住費、食費、介護保険の自己負担分を含めて8万円から18万円程度です。ただし、居室のタイプ、介護保険の自己負担額割合などによって異なります。入居一時金もなく、一般の有料老人ホームに比べると相当割安です。

・申し込みは、原則として直接施設に申し込むことになっています。すでに要支援や要介護の認定を受けている方はケアマネージャーに、そうでない方は、市町村の介護保険課に行って相談されることをお勧めします。

・民間施設より費用が安いこともあり、公的施設としての安心感もあることから希望者が多く、入居までかなり時間がかかるようですが、地域差もあります。

2 長所

設立、経営は地方公共団体及び社会福祉法人に限られているため一応の安心感があります。経営も比較的安定しています。

民間の老人ホームに必要な入居一時金が不要で、月額利用料も割安です。所得の低い方には、様々な補助（割引）があります。

介護度の高い人には最適。看取りもやってくれます。

3 短所

一番の短所は、入居希望者が多いため待機者が多く、入居まで数年待ちともいわれており、なかなか入居できないことです。入居資格は、従来要介護1以上になっていましたが、2015年の制度改正で入居資格が要介護3以上に引き上げられました。

しかし、認知症の重い方や家族の援助が得られない人など特別な事情のある方は要介護1～2でも入居できます。

介護体制は、入居者3人に対し介護職員1人がほとんどで、有料老人ホームのような2.5対1、とか2対1といった充実した体制はとられていません。食費なども安く、豪華な食事は望めませんが、カロリー計算などはきちんと計算されており、刻み食などの対応もあります。

居室も広さは望めません。大部屋の場合もあります。

4 利用方法

特養に入所したいとの希望があれば担当のケアマネージャーにまず相談することをお勧めします。地域包括支援センターなどでも相談に乗ってくれます。

ケアマネージャーを通さなくても、入所は、希望者と施設の直接契約なので、直接の申し込みも可能です。特養にも入居相談員がおり、対応してくれますし、見学も可能です。

要介護3以上になると、ご自分での見学は無理でしょうから、ご家族の見学をお勧めします。

かつて、特養は入所まで2年かかるとか、3年待ちとか言われましたが、現在はそれほどの待ちはないようです。以前は要介護1以上であれば、だれでも申し込めたため、希望者が殺到していましたが、現在は要介護3以上に入居資格が制限されたことによりだいぶ緩和されているようです。また、以前は、申し込み順に入所が決まるともいわれていましたが、現在は、申し込み順に関係なく介護度の重い人から優先して入れるようになっているようです。ただし、最近は介護スタッフの人手不足から、入所を制限しているところもあるようです。

なお、申し込みは介護度1でも2でもできますが、この場合は、要介護3以上になるまで順番待ちになります。

介護老人保健施設（老健）

1 施設の概要

通称老健といいます。施設数で約4200、定員約37万人（2016年、厚労省調べ）

です。入所は、病院から退院したものの、すぐの家庭復帰が困難な場合や、入院するほどではないが家庭での生活が困難な要介護度1以上の高齢者が、家庭に復帰するまでの間、リハビリや介護を受ける施設です。

入所に所得制限はありません。看護、医学的見地からの介護や機能訓練を提供する場です。医師や看護師が常駐しています。医療や看護に対するサービスが手厚くなっています。

しかし、家庭に復帰するまでの病院と家庭の中間的な施設と位置づけられているため、3ケ月、長くて半年程度の入所が予定されています。終の住処として対象にすることはあまり適当ではありませんが、ただ、地域や施設によっては実質的に特養とあまり変わらないところもあります。看取りも行うようになっています。

設立・運営は地方公共団体、社会福祉法人、医療法人その他法令で指定された法人です。利用料は、比較的安く、入居一時金も要りません。低所得者には費用の軽減措置があります。費用は、特養よりやや高いか同程度です。

居室は大部屋が中心ですが個室もあります。広さは、従来型個室は8㎡(約5畳)以上、ユニット型は10、65㎡（約7畳）以上です。

入居は各施設に直接申し込みます。地域包括支援センターや入院していた病院などでも相談に乗ってくれます。

2 長所

家庭復帰を目的としているため、特養などよりも手厚いリハビリ、看護が受けられます。

医師、看護師が常駐しています。

費用も比較的安いです。

3 短所

終の住処を予定した施設でないため、身体状況によって3ケ月、長くて半年で退去を迫られることがあります。数ケ月ごとにあちこちの老健を転々とさせられているという話も聞きます。

ただし、看取りも認められており終の住処化しているところもあるようです。私の父は3年お世話になりましたが、もっと長い人もいました。

介護療養型医療施設・介護医療院

1 施設の概要

介護療養型医療施設（通称療養病床）は、指定を受けた病院・診療所に設置されています。介護療養病床と医療療養病床があります。

介護療養病床は介護保険が適用され、医療療養病床は医療保険が適用されています。病状は安定しているものの、長期的な医療措置が必要で退院までには至らない人を受け入れています。したがって医療的措置が不要になったら退院が予定されていますが、医療上の必要性というより介護の必要性から入所している人も多く、両者の間に実質的な違いはないと見られています。病院ですから、医療措置やリハビリが主で、大部屋が中心です。

しかし、この介護療養型医療施設は、２０２４年３月で廃止されることになっています。また、医療療養病床の一部も廃止されることになっています。廃止後は、特養や老健へ転換するか、同種の施設で主として介護保険が適用される介護医療院への転換が進められています。廃止される病床は約13万床と見込まれていますが、介護医療院などがどの程度設立されるのか目下のところ不明です。

介護医療院は、２０１８年末でまだ１００施設程度で、ベッド数も７千程度にとどまっています。介護医療院は要介護者に対し、長期療養のための医療と日常生活上の世話（介護）を一体的に提供する介護保険上の医療施設として位置づけられています。介護療養病床の廃止は、これまで何度も予定されながら延期になったりしており、今後も予断を許しません。

設立主体は、地方公共団体、医療法人、社会福祉法人などの非営利法人です。

入院は、長期療養が必要な要介護1以上の人が対象です。急性期を過ぎて一般病院での治療が終わったものの慢性的な病気などのため長期療養が必要な人が対象です。

医療や看護、介護が受けられます。特養ホームよりも介護度の重い人が入っているようです。

申し込みは直接施設に申し込むことになっていますが、どこの病院がこの施設に当たるかわからない場合は、市町村の介護保険課などに尋ねるとわかります。

2 長所

施設内（病院）で慢性疾患などの治療、看護が受けられる。

専門家によるリハビリが受けられ家庭復帰を目指す。

3 短所

この介護療養施設は２０１１年年度末までに廃止される予定になっていましたが、特養や老健、介護医療院などへの転換が進まず、ニーズも根強いことから２０１７年度末まで延長され、その後さらに延長されて、２０２４年３月での廃止が決まっています。まだ流動的な面が残っています。

医療、看護を伴うため費用は特養、老健などより高めです。

有料老人ホーム

有料老人ホームには、**介護付き**と**住宅型**と**健康型**の3種類があります。いずれも厚労省の所管ですが、健康型は全国に例も少なく、介護が必要になれば退去しなければならないという特殊な施設ですから、終の住処の対象にはなりません。介護付きと住宅型の違いについて焦点を当てながら解説します。住宅型は後で述べるサービス付き高齢者住宅と実質的に区別がつき難い面があり、選択に困る面があります。

なお、有料老人ホームの数は、2018年12月末現在で13、354となっています。うち介護付きが3、980、住宅型が9、354です。健康型はおよそ20しかありません。定員は介護付き、271、954人、住宅型241、954人です。（厚労省調べ）

近年住宅型が急増しています。

費用は、立地、施設によって千差万別で、一概に平均値は示せません。5ケ年費用

（後述）で比較すれば、5ケ年で3、000万円（年間6百万円）以上かかるところもあれば1、000万円(年間200万円)強で過ごせるところもあります。地方ではもっと安いでしょう。地方は、首都圏と比較すれば格段に安いです。

介護付き

1 施設の概要

介護付き有料老人ホームは、少し専門的になりますが、一般型特定施設と外部サービス利用型特定施設の2タイプがあります。

一般型は、ケアプランの作成から日常の介護までホームの職員が行います。外部サービス利用型は、ケアプランの作成や安否確認、生活相談のサービスはホームの職員が行いますが、日常の介護は、施設の職員ではなく外部の介護事業所の職員が行います。このタイプは神奈川県にはなく、全国的にも数は非常に少ないと思います。

なお、介護付きは一般型にしろ、外部サービス利用型にしろ、都道府県市町村から特定施設入居者生活介護の事業者指定を受けなければ介護付きとは名乗れません。

介護付き有料老人ホームの入居時の要件は、以下の3パターンがあります。

一つは、入居時自立者に限定しているところ、これは「**自立型**」と言います。二つ目は、要支援あるいは要介護の指定を受けている者に限っているところです。これは「**介護型**」といいます。三つめは、自立者、要支援者、要介護者の誰でも入居可能なところです。これは「**混合型**」と言います。入居の際に注意を要するところです。このほか年齢制限が施設ごとに設定されています。65歳を目安にしているところが多いですが、75歳以上に制限しているところもあります。

居住の権利形態は、ほとんどが利用権方式を採っており、家賃の前払いとして数百万円から数億円を徴収しています。入居一時金0のところもありますが、この場合は月額利用料に家賃が含まれるため、その分月額利用料が高くなります。月額利用料は10万円台から50万円を超えるところもあります。費用は、地域差、施設差がありすぎて平均値が出せません。住宅型も同様です。

一時入居金の高さは、立地条件（地価）、施設の豪華さ、居室の広さに比例し、介護体制も手厚くなっていきますが、高ければかならず良いということにはなりません。この程度でこんなに取るのかというところもあります。コストパフォーマンス（費用対効果）の考え方で見ることも大事です。

一方、入居一時金の安いところは、居室も狭く、共用設備もあまり充実しておらず、介護体制なども高いところに比べれば当然見劣りします。しかし、こういうところでも暖かく居心地の良いところもあります。安いからダメというわけではありません。

介護付きに限らず有料老人ホームは、特別養護老人ホームや介護老人保健施設などの公共型と異なり、ほとんどが民間企業の経営です。あらゆる業種が参入してきておりますが、業種などの参入規制は全くなく、経営力も千差万別で、経営哲学も異なります。入居にあたっては事業主体や施設の内容などについて十分見極める必要があります。

広さは、13㎡（約8・5畳）以上、上限はありません。住宅型も同じです。

2 長所

経済力やニーズに応じて幅広く選択することができます。

経済力のある方には、かなり手厚く快適な老後生活が送れますし、そうでない方もそれなりに住、食、介護が保証された生活ができます。

3 短所

民間企業の経営であり、経営力に格差があり、経営不振などから身売りなどの危険があります。

しかし、倒産によって入居者が路頭に迷うということは、近年はほとんど聞きません。営業譲渡などにより施設全体を入居者ともに引き取ってくれる事業者がいるからです。それはそれで一応生活の場もあり、安心ですが、経営者が変わって、経営方針が変わった、費用も値上げになったという例もあります。

入居金、月額利用料などの多寡により受けるサービスの質に大きな差があります。

住宅型

1 施設の概要

住宅型有料老人ホームは、食事の提供や生活支援、安否確認などのサービスのついた高齢者向けの住宅です。

介護付き有料老人ホームとの違いは、介護がついているかどうかの違いですが、住宅型有料老人ホームには介護がついていないと言っても介護が受けられないわけではありません。

介護付き有料老人ホームでは、その老人ホームの職員が介護してくれる（外部サービス利用型を除く）のに対し、住宅型は、ホームの職員が介護にあたるわけではなく、外部（系列の場合もあります）の介護事業者と入居者が個別に契約を結んで、自宅にいて訪問介護や通所介護、ショートステイなどを受けるような形で介護を受けることになります。

住宅型有料老人ホームは、もともとは日常の家事などから解放されて老後を楽しみたいという比較的健康な富裕層向けに設立されたものが多く、豪華な施設や広い居室が売り物で入居一時金も数千万円から億円単位のものまであります。

一方、近年、住宅型老人ホームが急増していますが、これらは、介護付き老人ホームを目指したものの、介護付き老人ホームが行政の介護費用（予算）節減のため設立が規制（総量規制）されているため、やむを得ず住宅型で設立したものがほとんどです。

これらには、入居一時金も安いものの、居室も狭く、設備もあまり充実していないところもあります。住宅型にはこの両タイプが存在します。

住宅型老人ホームは、居住の権利形態を除いて後述のサービス付き高齢者向け住宅とほとんど区別がつきませんので、よく比較して自分のニーズに合ったものを選ぶ必要があります。

2 長所

要介護状態になった場合、介護付き老人ホームのようなお仕着せの介護を受けるのではなく、自分で好きな介護事業者を選び、自分に合った介護を受けることができると言われています。いわば、介護付きがメニューの決まった定食を食べるのに対し、住宅型は個別にメニューが選べるというわけです。そのため介護費用も一般に介護付きより安上がりですが、介護度が高くなると逆に負担が大きくなる場合もあるようです。

介護サービスの内容は、自分に合ったように好きに組むことができます。

3 短所

介護スタッフが常駐していないので、突発的な事態に対応が難しい（系列の介護事業所を施設内に持っている場合もありますが24時間対応は困難です）。

要介護度が高くなったり、認知症が重くなると対応が難しくなることがあります。

要介護度が高くなると自己負担額が介護付老人ホームより高くなることがあります。

これは、介護付有料老人ホームの介護保険の給付額が「日額包括算定方式」となっており、給付額の限度内（限度一杯）で介護が行われるのに対し、住宅型やサ付き住宅、あるいは、家庭への訪問介護の場合は、利用した分のみ請求される「出来高算定方式」がとられており、出来高算定方式の場合、給付限度額を超えた場合、超えた部分の全額が被保険者負担となるためです。ただし、自己負担額には所得に応じて上限が定められており、上限額を超えると「高額介護サービス費」として払い戻されます。

このほか市区町村によっては、独自対策による自己負担額の軽減措置などがありますので、介護保険課などにご照会ください。さらに、「特定入所者介護サービス費」、「高額医療・高額介護合算療養費制度」などもありますので市区町村の担当課にお問い合わせください。これらの制度は、自宅で介護を受けている方や、住宅型有料老人ホームにお住まいの方、サービス付き高齢者ホームにお住まいの方に適用されます。

なお、一般的には給付額の限度額以内の場合、出来高算定方式（住宅型）のほうが、日額包括算定方式（介護型）よりも介護費用は安上がりです。

認知症対応型共同生活介護（グループホーム）

1 施設の概要

老人福祉法、介護保険法に基づいて設立される民間型の住宅です。２０１７年４月現在の事業所数は１３、０３５、年間利用人員１９１千人です（厚労省調べ）。

グループホームは、厚労省所管ですが、いずれも定員29名以下の地域密着型とされ、市町村長の認可を受けて設立されます。

入居資格は、要支援2、要介護1以上の認知症患者で、５～９人単位の少人数で家庭的な共同生活ができる人です。食事の支度や、洗濯、掃除など職員と共同して行います。

グループホームは、認知症患者専用の介護付有料老人ホームの小型版といったところです。居室は7・43㎡以上です。

設立は、地方自治体、社会福祉法人、NPO法人のほか民間企業も参入しています。

入居は、施設に直接申し込みます。見学もできます。

グループホームにも看取り介護加算が認められており、看取りをやってくれるところもあります。

2 長所

認知症専門のため認知症患者には適しています。

入居一時金も不要のところが多く、月額利用料もあまり高くありません。地域差が大きいですが15万から20万円程度です。一般の介護付き有料老人ホームより費用的には安上がりです。

3 短所

地域密着型のため、施設のある市町村に居住している人でないと入居できません。

ある程度の共同生活が必要なため重度の要介護者（含む認知症患者）の場合受け入れられない、あるいは退去を求められることがあります。

居室は7・43㎡（最低基準）以上と狭いです。有料老人ホームは13㎡以上。

サービス付き高齢者向け住宅（サ高住）

1 施設の概要

業界用語で「サ高住」あるいは「サ付住宅」と言います。以下では「サ高住」と言います。これは平成11年に「高齢者の居住の安定確保に関する法律」の成立に伴い創設された施設（住宅）で、従来の高齢者円滑入居賃貸住宅（高円賃）、高齢者専用賃貸住宅（高専賃）、高齢者向け優良賃貸住宅（高優賃）などを整理、統合したものです。サ高住は都道府県への登録が義務付けられています。2018年6月現在、事業者数は7、107、定員234、971人（国交省調べ）です

＊サ高住の要件

・居室の広さが原則として25㎡（約16畳）以上あり（十分な食堂、ロビーなど共用スペースがあれば18㎡＝約11・5畳でも可）、バリアフリーなど一定の要件を満たしていること。

・居住者の安否確認と生活相談に対応するサービスを提供すること。

この2点が最低要件とされています。この二つがサービス付きのサービスの内容です。安否確認と生活相談以外にどんなサービスを付加するかは事業者に任されており、その内容は様々で、玉石混交と言われるゆえんです。提供されているサービスは、①安否確認、②生活相談、③食事提供、④介護、⑤家事、⑥健康管理、⑦その他です。安否確認と生活相談だけのところもあれば①〜⑦のすべて提供しているところもあります。

サ高住は、もともと賃貸住宅で介護施設ではないため、入居は自立者、あるいはせいぜい要支援者程度の人が対象でしたが、現在は、ほとんどのサ高住が、要介護5でも受け入れるとしており、有料老人ホーム、特に住宅型と区別がつきづらくなっています。サ高住の介護は、住宅型の場合と同じように外部の介護事業者と入居者が契約を結ぶ方式ですが、サ高住の中には、特定施設入居者生活の事業者指定を受け、介護付きを名乗っているところもあります。こうなるとほとんど介護付き有料老人ホームと違いがありません。この場合は、介護保険法の介護付き有料老人ホームに該当します。有料老人ホームとの違いは、有料老人ホームが利用権方式であるのに対し、サ高住が賃貸借方式であること（一部に利用権方式あり）ことくらいです。

なお、サ高住以外の高齢者向け施設は、厚労省の所管ですが、サ高住は厚労省と国交省の共管になっています。国交省はサ高住を高齢者向け住宅の切り札として推進しており、２０２０年までに60万戸建設を計画、建設にあたっては補助金などを支給して優遇、建設を推進しています。

2 長所

入居時費用は、ほとんどが賃貸借契約、あるいは終身賃貸借契約のため、２～３ケ月分の敷金のみで多額の入居一時金は要りません。ただし、一部に利用権方式のサ高住もあり、高額な入居一時金を徴収するところもあります。事前にどのタイプなのかよく調べておく必要があります。月額利用料も10万円台から50万円を超えるところまでピンからキリまでありますが、一般的には、有料老人ホームより安く利用できます。

賃貸借契約、あるいは終身の賃貸借契約の場合、多額の入居一時金が不要ですので、気軽に入退去できます。お子さんが、地方にお住いの比較的お元気なご両親を自宅近くのサ高住に呼び寄せたり、特養への順番待ちに利用する例もあります。介護度が重い人でも積極的に受け入れているサ高住もあり、終の住処としても活用できるところもあります。

賃貸借契約の場合、入居者が亡くなっても、相続・譲渡が可能ですが、終身賃貸借契約の場合は、相続、譲渡はできず、入居者が生きている間に限っての権利です。

介護が必要になれば、住宅型有料老人ホームと同様にヘルパーさんなどの訪問介護を受けられます。

多額の一時入居金支払いの必要がないので（一部に例外あり）、比較的気軽に入退去できます。

3 短所

設備、サービス内容など千差万別、玉石混交で慎重に選ぶ必要があります。賄のおばさんが食事を作ってくれた昔の下宿程度のところもあります。

自宅にいるのと同様に訪問介護などを受けられますが、介護度が高くなると、介護保険の自己負担額が高額になります。住宅型老人ホームと同じです。高額介護サービス費の支給も受けられます。24時間介護が必要になると対応が困難な場合があると見られています。見学の際などによく確認しておく必要があります。

高齢者専用マンション（分譲型）

1 施設の概要

バリアフリーなどが施された高齢者専用のマンションです。施設ではなく、自己所有の住宅ですが、食事の提供や大浴場、フィットネスの設備、コンシェルジュサービスなども整備されているところもあります。完全な民間企業経営で、監督官庁もありません。通常のマンションの高齢者専用版です。高額で豪華なものが多いです。系列の訪問介護事業所を有し、介護を提供するところもあります。権利形態を除けばサービス付き高齢者向け住宅や住宅型有料老人ホームと機能的にはほとんど違いがありません。

費用的には、購入費用を除けば、月額費用は住宅型有料老人ホームとあまり変わらないでしょう。

2 長所

- 通常のマンションに比べれば高齢者が住みやすい。
- 資産になる。相続もできます。
- 食堂や大浴場、アクティビティ施設などが充実しているところが多く、元気な高齢者が生活を楽しむのに向いています。
- 中古物件を購入すれば、新築時の数分の一や、十数分の一で購入できます。

3 短所

新築のものはかなり高額です。管理費、修繕積立金などの負担も大きい。資産になりますが、本人が死亡後、相続した人が引き続いて入居すればよいが、そうでない場合は相続人の管理費の負担が大きく、売却する場合も市場が限られており市場性が低く購入時の数分の一、十数分の一でしか売れない場合もあるようです。ただし、業者によっては売却だけではなく賃貸方式を認めているところもあります。

介護が必要になれば、自宅にいるのと同様に訪問介護などを受けられるが、介護度が高くなれば自己負担額が高くなります。また24時間介護は困難でしょう。

2 自分に合った高齢者向け施設・住宅の探し方（準備編）

各種高齢者向け施設・住宅の特徴をざっとつかんでいただいた後は、具体的な施設選びに入ります。そのためには、施設の見学などの前に高齢者向け施設（住宅）などが抱えている問題などについての基礎的な知識を得ておくことも有益です。

1 雑誌の購読

エコノミスト、週刊ダイヤモンド、週刊東洋経済などの介護特集記事などを読む。年に何回か特集号が出ています。ランキングなどは部屋の広さ、職員数などいくつかの数値をもとにしており、割り切った評価ですがそれなりに役に立ちます。

一般週刊誌記事も玉石混交ですがそれなりに参考になります。

*最近の週刊誌の記事（例）

週刊現代　２０１９年４月13日号「老人ホーム倒産　ほぼ全財産喪失」
週刊新潮　２０１９年５月16日号「老人ホーム　優・良・可・不可の実名」
週刊新潮　２０１９年５月30日号「同業者が選ぶ老人ホームベスト36」
エコノミスト　２０１９年６月４日号「11兆円市場　介護の勝者　入居率　退去率　居室供給ランキング　後悔しない介護住み替え」

週刊文春　２０１９年8月1日号「あなたに合う老人ホームは、住宅型か、サ高住か」
ダイヤモンド　２０１９年10月12日号「介護全比較　安心の老人ホーム　ベスト１１００」

2　講演会などの聴講

介護や、老人ホームなどに関する各種講演会に参加する。総論ベースが多いですが、いろいろ違った角度からの講演もあり、それなりに役に立ちます。新聞や地元のミニコミ誌、市の広報などに案内が出ています。公民館などで行われるものも少なくありませんし、介護施設主催のセミナーもありますが、この場合施設見学とセットのものが多いです。

全国有料老人ホーム協会の主催のものもあります。これは協会の友の会会員になると案内が来ます。各種講演会のほとんどは無料です。

老人ホーム評価センターでも講演と相談の会を開催しています。（表7）

表7：これまで老人ホーム評価センターが行った講演会

開催期日	テーマ	講　師
2010/6	安全安心なホーム 費用に見合うホーム	宇田川理事長
2011/11	平穏死を考える　高齢者の覚悟	特養勤務医師　石飛 幸三
	あなたにふさわしい終の棲家	宇田川理事長
2012/11	介護保険制度の効果的な利用法	ケアネット徳洲会 施設長 冨永 真、須藤 信宏
	老人ホームの費用をどうとらえるか	宇田川理事長
2013/11	長寿社会を生きる	東大特任教授　秋山 弘子
	よりよい終の棲家を求めて	宇田川理事長他
2014/12	最近の高齢者住宅事情	全国有料老人ホーム協会 事務局長　灰藤 誠
	老人ホームに入居するにあたっての考え方（パネルディスカッション）	宇田川理事長他
2015/12	地域包括ケアシステムの構築	かながわ福祉サービス振興会 理事長　瀬戸 恒彦
2016/11	終の住処　主な老人ホームの長所・欠点、看取り・認知症ケア	ジャーナリスト　浅川 澄一
2017/11	老人ホームの考え方・ 選び方・住み方	作家　菅野 国春
2018/1	シニアの意志を支える ホーム選び	アプルール会長　堀井 利修
	介護保険について	宇田川理事長
2019/12	認知症について	（株）ベネッセスタイルケア 理学療法士　松本三早己

3 イメージづくりのための施設見学

差し迫った状態ではなく、将来に備えて施設を見学する場合を言います。この段階では必ずしも的を絞る必要はなく、老人ホーム（高齢者住宅）とはどんなものかを知るための訪問なので、できるだけいろいろのタイプのものを見ておいた方がよいと思います。

・新聞、ミニコミ誌、チラシなどにある見学会に申し込み見学する。これが一番手っとり早いです。できればご夫婦でご一緒に。

・見学会は昼食付きが良い。入居者と同じメニューが出ます。昼食時の雰囲気もわかるので大変参考になります。ほとんど無料です。

・見学したからと言って後でしつこく勧誘されることはまずありません。その後パンフレットなどは送ってきますが、電話などでの勧誘はほとんど経験したことはありません。もし、しつこいところがあればそこは避けるべきです。

・施設は、一時入居金の高いところ、安いところ、住宅型、介護付き、サービス付き高齢者住宅などいろいろなタイプを見た方が参考になります。5～6ケ所見学すると大体老人ホームのイメージが沸いてきます。ご自宅近くの手近なところで結構です。

3　入居を前提にした本格的な施設選び（実践編）

1　ニーズの確認

本格的に高齢者ホームを選ぶためには、まず、以下のような点についてご自分のニーズ、好み、経済力などをつかんでおく必要があります。

①地　域：郷里に帰りたいのか、今の住所の近くがいいのか、昔住んだことのある気に入った町がいいのか、予算などが合えばどこでもいいのか、施設選びはまず地域の限定ができないと選択のしようがありません。

②タイプ：介護付きか、住宅型か、サ高住か。介護付きでも入居時の条件は、自立型がいいのか、要支援・要介護者限定型がいいのか、誰でも入れる混合型がいいのか、自分の身体状況や今後の見通しを勘案して決める必要があります。

自立の人が誰でも入れる混合型の施設に入ったら、自立者は自分一人だけで、話し相手もいないということもありますので、施設の入居者の状況（介護度別の人数）もチェックしなければなりません。

③入居人数：自分一人で入るのか、夫婦二人で入るのか、最初一人で、後で二人になるのか。二人の場合、それぞれの身体状況によっては、タイプの選び方が違ってきます。入り方によって費用が異なります。施設によっては、最初から二人で入居した方が安いところや、逆のところもあります。二人用の居室に入るのか、一人用の部屋に別々に入るのかなどの選択肢もあります。

④建物・設備：豪華で、居室の広いところを望むのか、必要最小限でよいのか。施設が豪華で居室が広いところは費用が高くなります。

自立者か要介護者かによっても必要な広さが変わってきます。介護度の重い方にとって広い居室はあまり必要ありません。

億円単位の入居一時金を払っても、現在お住みのご自宅よりは、大幅に狭くなります。入居一時金3〜4千万円レベルでも40〜50平方メートル程度です。こんな狭いところに住めないと感じるかもしれませんが、ご自宅全体と比較するのではなく、寝室と比較してください。そんなに広くはないはずです。食堂やリビング、娯楽室などは別途共用設備としてそろっています。ただし、共用設備には私物は置けませんので大幅な断捨離が必要です。

⑤予算：施設選びの最大の関門は、予算です。どんなに気に入った施設であっても、予算が合わなければ高根の花です。無理して入っても、途中で資金がショートして退去しなければならないこともあり得ますので、予算については厳密に検討することが必要です。

ある施設に長年居住した入居者が、途中で資金が切れ、退去しなければならなくなり、退去するほうも、見送る施設の職員も、涙、涙の別れだったという話を聞いたことがあります。こういう例は必ずしも稀ではないようです。

施設に入居して必要な資金は、有料老人ホームの場合、(1)入居一時金（前払金）、(2)月額利用料(3)その他の費用に分けられます。入居一時金は、家賃の前払い分です。数十万円から億円単位まであります。入居一時金の高いところは部屋も広く、設備も豪華ですが、月額利用料は安めに設定されています。最近は、家賃の前払いはなしで毎月家賃を支払う月額方式との選択制を採る施設も多くなっていますが、月額方式の場合、入居時の費用は少ない反面、毎月の支払いがかさみます。入居一時金がないから必ずしも得だとは言えません。

入居一時金には家賃の前払いとしての前払い金のほか、基準以上の介護体制を採っている場合の介護などの一時金、基準以上の健康管理を行う場合の健康管理一時金を徴収する施設もあります。

サービス付き高齢者向け住宅の場合は、入居一時金方式をとるところは例外で、ほとんどは、家賃の2〜3ケ月分の敷金程度で済みます。

入居一時金、月額利用料はどのくらい払えるのか。財源はどうするのか。入居一時金捻出のため自宅を売却する場合、そのタイミングなど慎重に検討する必要があります。早々に自宅を処分して入居したが、どうしても気に入らなくて退去したいと思っても、もう帰る家はないということにもなりかねません。余裕があればの話ですが、短期入居特例の90日ルールを利用して、90日の間に施設との相性などを見極めてから売却するという手もあります。施設によっては売却の相談などに乗ってくれるところもあります。（注）短期入居特例（90日ルール）172ページを参照。

また、月額利用料は、施設によってその内容に多少の違いがあります。例えば、水道光熱費が、管理費の中に含まれているところと、水道光熱費は別料金（実費払い）というところがあります。

月額利用料のほかに介護保険の自己負担分（1割～3割）、医療費、おむつ代、日用品雑費、施設の有料行事代などがあり、意外とかさみます。月額利用料の2～3割増しは見ておく必要がありますし、これらの費用は介護度が重くなるにつれて多くなってきます。

⑥**規模**：入居者の多い大規模なホームが好みなのか、小規模なホームが好みなのか。

大規模なホームは、入居者間の付き合いも一般的に淡白ですが、小規模なところは、家庭的で濃密な関係になりがちです。それぞれのご性格によっても向き不向きがあるようです。

⑦**立地条件**：静かなリゾート的なところがいいのか、都市部の交通至便なところがいいのか。家族や知人の見舞いの便や、ご本人の身体状況によって行動半径なども関係します。

⑧**好み**：以上のほか、温泉大浴場付きがいい、プールがあった方が良い、アクティビティ活動が盛んなところが良い、医療連携の充実しているところが良い、認知症に強いところが良い等々、それぞれの考え方によってこだわりや重点事項があれば、それらを考慮に入れて選択する必要があります。これらを紙に書き出してください。こうした諸条件に合ったホームを探すことになります。

よく「伊藤さんどこかいいところはありませんか」ときかれますが、こういう一般論にはお答えしようがありません。上記の様々な選択の基準をできるだけ明確にしておいてください。そのニーズに合いそうなところをご紹介します。

なお、自分の求めるニーズにピッタリのところが有っても、どこがどうとは言えないけれどなんとなく気に入らない、雰囲気が合わない、入居者や職員と合いそうにないと感じられることがあります。そういう場合はやめた方がいいでしょう。最後は相性の問題になります。

2 訪問準備

①訪問候補先のピックアップ

自分のニーズに合ったホームを探すため、インターネットや新聞広告、全国有料老人ホーム協会の資料、県の資料、あるいは、施設に直接資料を請求して送ってもらった資料などから訪問先をピックアップします。

②訪問予約

訪問は、必ず予約を入れましょう。突然訪問しても先方も忙しく、受け入れてくれませんが、施設にとって訪問は基本的にウエルカムです。

訪問はできるだけご夫婦二人で行くことをお勧めします。奥様にも人生哲学、好みなどがあります。できればお子さんにも見てもらいましょう。

面談相手は施設長が望ましいですが、一回目は担当者でも構いません。よさそうであれば2度、3度と訪問して次は必ず施設長に直接会って、施設の運営方針などを確認する必要があります。

施設長は施設運営の要です。施設長の人柄によって施設は随分変わります。以前ご相談に乗った方がお勧めしたところが気に入って入居し、いいところを紹介してもらったと喜んでいただきましたが、1年くらいたって施設長が変わったら雰囲気が一変した、こんなところにはいられないと退去した例もあります。これは極端な例ですが、多店舗展開の大手介護事業者の経営する施設では職員の交代は避けられません。こういうリスクもあるということは承知しておいてください。

③事前学習

本気で施設を見学する場合、漫然と訪問するのではなく、事前に資料を入手してよく読んでおくことをお勧めします。資料請求すればすぐに送ってくれます。

インターネットをご利用の方は、ネットで資料請求もできます。インターネットで検索する場合、施設名を入力すると、その施設のホームページが出てくる場合と、いわゆる街の紹介業者のサイトの場合があります。紹介業者のサイトでも資料を送ってくれたり、相談に乗ってくれますし、それは無料ですが、紹介業者の紹介で入居すると、その紹介業者は施設から手数料を貰えるのが一般的です。したがって、そういう背景がありますのであまり施設にとって都合の悪いことは説明しないというのが人情でしょう。

老人ホーム評価センターは、個人の会費以外は一切いただいておりません。

＊各都道府県などのホームページから老人ホームの重要事項説明書が入手できるところもあります。

④重要事項説明書

施設を知るもっとも基礎的な資料です。都道府県ごとに定めた書式で作成されており、公表が義務付け（指導）られています。施設を訪問して重要事項説明書をくださいと言っても入居が決まったら差し上げますというようなところは要注意です。入居を決めるための検討資料ですから入居を決める前に入手しなければなりません。情報開示に積極的なところは、施設のホームページから入手できるところもあります。

3　見学のポイント

①施設の雰囲気

スタッフや入居者の表情が明るいか、スタッフと入居者が親しそうか。自立者がいないところでは歩いている入居者も少なくやや暗くなりがちですが、少なくともスタッフが元気に明るく働いていることが重要です。スタッフと入居者が和気あいあいとしているところは、入居しても楽しいでしょう。介護度の高い人が多く入居している施設は、どうしても静かになりがちですが、この場合はスタッフの応対ぶりを見てみましょう。

②施設の安全性

スプリンクラーは各室についているか、バリアフリーや手すりの位置はどうか、緊急呼び出し装置はどうか、廊下の広さは十分か、車いすが無理なくすれ違えるか、エレベーターはストレッチャーが乗せられるかなど、最初から老人ホームとして設計された施設は概ね大丈夫ですが、元はどこかの会社の寮などを改修したものには不十分なものも時々あります。

また、余りに豪華で深々とした絨毯は高齢者には向いていません。足を取られます。車いすにも不便です。

一度にすべて把握することは困難ですから、気に入ったところがあれば何度も通って確認しましょう。

③異臭はないか

トイレ、室内、浴場などに異臭は漂っていないか。該当するようなら、こういう施設は論外です。清掃は行き届いているかも見てください。

④説明ぶり

施設長、担当者の説明は丁寧かつ十分だったか。聞いても答えないことはなかったか。重要事項説明書や入居契約書、管理規定などの資料の提供を依頼してもくれなかったり、情報開示に消極的なところは要注意です。

⑤食事

見学時には昼食を喫食することをお勧めします。見学予約の際、依頼すれば無料または有料（実費）で入居者と同じものを食べさせてくれます。日常どんなものを食べているのか、食事時の雰囲気はどうかなどがわかります。メニュー表をもらいましょう。頼めば普通は嫌がらずにくれます。メニューの選択はできるのか、流動食、刻み食、アレルギーのある食材への対応などについても要確認です。大体どこでも施設内の厨房で調理していますが、センターで集中調理して各施設に配送し、電子レンジで解凍して出すところもあります。

居室でも食事がとれるのか、欠食の場合の対応（値引き）なども要確認です。欠食の場合、食費の全額を返してくれるところと、食材費だけを返してくれ、残りは厨房維持費といった名目で徴収されるところがあります。

食堂の場所取りを巡って争いになることもあります。古い人の席が決まっていて、新しい人がそこに座ると「私の席だからどいて」などと言っていさかいになることもよく聞きます。施設としてどう対応しているのか聞いてみましょう。

⑥入浴

居室で入るのか、大浴場はあるのか、週に何回入れるのか、介護浴などを確認してください。規定回数以上の入浴はは追加料金が必要なところもあります。

⑦レクリエーション、サークル活動、行事

自立者の多いところでは、さまざまなサークル活動やクラブ活動的なものが行われています。どんなものが行われているのか、料金がかかるのか聞いてみましょう。介護度の高い人が多いところでもお花見、花火大会などさまざまな催し物が行われています。

⑧介護体制

介護が必要になると居室で介護してもらうのか、介護専用の部屋（介護居室）に移るのに費用はどうなるのかなど要確認です。また介護の体制は、被介護者何人に対し介護職員一人がつくという比率で示されます。3対1が下限です。これは、一人の介護職員が三人の要介護者をお世話するということです。2.5対1、2対1、1.5対1のところもあります。夜間の体制はどうなっているのかも聞いておきましょう。夜間にも看護師が配置されているかどうかは重要な指標です。

介護体制が3対1より手厚い場合、介護費用の割り増し徴収が認められています。

この場合、一時金で前払いするところと、毎月徴収するところがあります。

⑨医療連携

施設では直接の医療行為はできません。その代わりどこかの医療機関と提携して医療協力体制を採っています。どこの病院と提携しているのか、どんな診療科目があるのか（なるべく多い方が良い）、距離は近いのか、送迎の費用はどうなるのかなどの確認が必要です。

経管栄養、インシュリン投与、透析、在宅酸素などの医療行為をうたっている場合、どのような体制で行うのか確認してください。

⑩経営問題

老人ホームの倒産、身売りは決して稀ではありません。ただ以前のように老人ホームの倒産によって入居者が路頭に迷うということは、あまり聞かなくなりました。それは倒産した老人ホームをどこか別の老人ホームが買い取って経営にあたるからです。そういう意味では進歩ですが、事業主体が変わることによって、契約条件が変わったり（悪化したり）、施設の雰囲気が変わったりすることはあり得ます。

現在、あらゆる業種の企業が介護事業に参入しています。制度上、業種による参入制限はありません。どのような業種、企業の運営する老人ホームが安心かということは一概に言えません。

無名の企業が小規模な施設を経営しているから心配かというとそうとも言えません。ナショナルブランドの大企業は一つの事業を経営しているのではなく多角的に経営していますから、どうしても介護事業と他の事業を比較して介護事業の儲けが少ないとなればもっと儲けの多い事業に転換してしまいます。

赤字にならなければいい、社会事業としてやるのだと言っていても資本主義社会ではそうきれいごとは言っておれません。多くの大企業傘下の施設が売りに出されて、事業主体が変わった例が多数あります。個人の介護事業専業で小規模で経営している事業者のなかには、長年事業を継続している例も多数あります。

老人ホーム評価センターでは、事業主体の経営力の把握を重視していますが、正直言ってかなり把握は難しいのが実情です。上場企業の子会社、孫会社などは親会社の経営力はかなりわかりますが、黒字で運営されているにもかかわらず、いつの間にか売り払われてしまうこともあります。

では何をもって、経営力を測るかというと重要事項説明書がかすかな手がかりです。老人ホームは財務諸表の公開が義務付け（指導）られていますが、資料は提供せず見せる（閲覧）だけというところが多いです。よさそうだなと思ったところはぜひ見せてもらってください。見せてくれないところは要注意です。

最も簡単な経営状況の指標は入居率です。開業後数年たって入居率が80％以下のところは要注意です。少なくとも80％以上の入居率がないと安定的な経営は難しいと言われています。重要事項説明書を必ず入手して、定員に対して、現在何名入居しているのか、あるいは、部屋数に対して、何部屋埋まっているのかで入居率がわかります。

神奈川県の重要事項説明書には、事業主体の事業収支実績が示されており、直近年度の事業収支がわかるようになっています。重要事項説明書を3期分入手できれば3年分の収支状態が把握できます。

4 比較検討

いくつか見学したところを比較してみてください。そのためには、立地条件、施設の類型、入居者の状況、施設（建物、居室、共用設備）、事業主体、費用（入居一時金、月額利用料、5カ年費用、初期償却率、償却期間など）、介護体制、提携医療機関、全体の印象などを縦軸に、横軸に施設名を入れた表を作って比較することをお勧めします。ご自分のニーズに合わせて項目を作成しても結構です。

＊こうしたチェックリストは、第1部の参考資料でご紹介した、全国有料老人ホーム協会の「有料老人ホームの基礎知識」にモデルが載っています。参考にしてください。

＊費用面で比較する場合、入居して5ケ年間にかかる費用（5ケ年費用）で比較することをお勧めします。一時金方式と月払い方式の比較にも役立ちます。

＊一時金方式の場合の5ケ年費用計算式

5ケ年費用＝（入居一時金）－（入居一時金5年後返戻額）＋（月額利用料）×12ケ月 × 5年

（注1）入居一時金の償却期間が5年の場合は、5年後の返戻金は0になります。

（注2）入居一時金の償却期間中の返戻額は、重要事項説明書に必ず、計算式が出ています。

一般的には以下の算式です。

※返還金＝（入居一時金－初期償却額）÷（償却期間の日数（または月数））×（契約終了日から　償却期間満了日までの日数）

＊月額方式の場合の5ケ年費用計算式

5ケ年費用＝月額利用料 ×12ケ月 × 5年

（注）入居一時金0のところは、月額利用料の5年分だけですが、入居一時金が毎月家賃に加算されるためその分月額利用料が高くなります。大体5年前後で入居一時金方式の方が総費用は安くなります。また、月額方式の場合、5年以降も毎月の家賃は払い続けなければなりません。5年以内の比較的短い期間の入居を想定される場合は、月額方式の方が安くつくのが一般的です。

5　体験入居

ニーズに合いそうなところが見つかったら、是非体験入居をしてください。

ちゃんとしたところは体験入居ウエルカムです。二度三度来てくださいというところもありますが、費用が非常に安くて入居率100%のところではゲストルームなどがなく体験できないところもあります。

体験入居費用は、一泊5000円~15,000円前後です。一泊でも体験しないよりましですが、一週間くらいは必要です。一週間泊まると、施設の雰囲気、介護の実態、食事、レクリエーションの種類などが大体わかりますし、入居者の方からの情報も得られます。

4　やってはいけない選び方

1　一人で入居を決める

施設訪問には、単身の方は別にして、お一人ではなくご夫婦そろって、お子さんがいらっしゃればお子さんもどこかの段階で同行して見てもらって了解を得てもらってください。

2　金額だけで決める。

安さ第一では、入居後に後悔するはめになりかねません。費用の安いところでも良心的な経営をしている施設はたくさんありますが、安いものにはそれなりの理由があります。その理由を十分認識した上で決めてください。

もっとも、高いところが必ず良い施設か、満足できるかというと必ずしもそうではありません。これだけ払ってこの程度のサービスかというところもありますし、あまりに一流ホテル並みの過度のサービスのためかえって気疲れして、出ていったという話を聞いたこともあります。費用対効果、コストパフォーマンスのチェックも大事です。そのためには他施設との比較が必要です。

3 一つのホームだけ見て決める

豪華な施設や感じの良い対応に感激して、ひとめぼれで決めてしまうことも危険です。必ずいくつか比較して、自分のニーズに合ったところを選びましょう。また、一回の訪問だけで決めるのも危険です。十分納得するまで訪問してください。

4 重要事項説明書や契約書をよく読まないで決める

入居後のトラブルには、重要事項説明書や契約書をよく読まなかったために発生するものが多々あります。入居後こんなはずではなかった、こんなことが書いてあったのかと後悔しないように十分読み込んで確認して、納得した上で契約してください。

5　こんな施設は要注意

1 施設の雰囲気がなんとなく暗い。スタッフの態度が悪い

施設内の雰囲気がなんとなく暗い、シンとしている、活気がない、スタッフの態度が悪い、挨拶がない、笑顔が少ない、靴のかかとを踏んで歩いているなども入居後の雰囲気を知るメルクマール（指標）です。

2 説明がおざなり。情報提供を渋る

資料などの説明がおざなりで、パンフレット程度しかくれなかったり、資料を請求してもくれない場合は要注意です。重要事項説明書や契約書、管理規定などは入居希望者などの求めに応じ提供することが義務（指導）づけられています。重要事項説明書には、その施設が提供する情報が記載されています。一般的には、重要事項説明書

や契約書、管理規定は交付、財務諸表などは閲覧（そこで見るだけ）となっています。

3 契約を急がせる

希望者がほかにもいますから早く契約した方が良いとか、この部屋しか残っていないといって契約を急がせるところは要注意です。

4 体験入居ができない

入居前に体験入居させることが義務（指導）づけられています。体験入居は不可欠です。体験入居できないところはそれなりの理由があります。

6 入居後のトラブルを避けるために

終の住処に老人ホームを選び、「ああ！　良いところに入れた。これで余生を平穏に暮らせる」と喜んでおられる人もたくさんいらっしゃいますが、「しまった、とんでもないところに入った。今後どうしたらいいのか」と後悔の臍《ほぞ》を噛んでおられる人もおられます。

老人ホームへの入居はどんなに慎重に対処しても慎重すぎることはありません。どんなに快適で安心して住めそうな老人ホームでも一歩中に入ると、様々な矛盾やトラブルの種を抱えています。こうしたトラブルを完全に避けることは不可能ですが、かなりの程度入居前の調査によって避けることができるのです。

老人ホームに入居してからどんなトラブルが起こりうるのか、そうした事態はどうすれば避けられるのかについて具体的な実例を引きながら解説します。ただし、時々マスコミをにぎわせる施設の職員による入居者の殺害とか暴行などは除きます。これらは事前準備では対応できません。

1 どんなトラブルが発生しているのか

老人ホームの中には、公正取引委員会から誇大広告や虚偽広告などで警告や排除命令を受けるところもあります。これは極端な例としても、国民生活センターや、全国有料老人ホーム協会には多くの苦情申し立てが行われています。その他全国の弁護士会に寄せられる相談も多数あり、その件数は年々増加しています。裁判沙汰になっている例もあります。

老人ホームの入居者が、老人ホームでの生活や施設の処遇などに不満がある場合は、契約書や重要事項説明書に苦情申立先が明示されています。その第一は、施設の責任者ですが、第三者機関として県や区市町村の介護保険課や国民健康保険団体連合会などが記載されています。国民生活センターや全国有料老人ホーム協会などに寄せられた苦情も氷山の一角といえるでしょう。

そこに寄せられた苦情は大別するとおおむね以下のようなものです。

なお、以下に述べるトラブル事例は、公益社団法人全国有料老人ホーム協会、独立行政法人国民生活センターや各地の弁護士会などに寄せられた相談事例を参考にさせていただいています。

・サービスの質、業務運営、職員の言動に対するもの
・契約に関するもの（条件、変更、解除など）
・月額利用料に関するもの
・料金・サービスの変更に関するもの
・入居者間のトラブル
・退去にともなう前払い金の返還に関するもの
・短期解約特例（90日ルール）に関するもの
・原状回復費用に関するもの
・倒産、身売りに関するもの
・詐欺に関するもの

こうしたトラブルの発生をどうすれば避けることができるのか、個別具体的な事例に対応して考えてみましょう。

2 トラブルの回避策

サービスの質・業務運営・職員の言動に関するトラブル

事例

①体調が悪くて呼び出しブザーを押したのに、なかなか来てくれない。
②入浴回数が少ない。
③職員の態度が不親切で、つっけんどんである。
④食事がまずい。味付けが薄い。
⑤入居者連絡会などがめったに開かれず、説明もおざなり。意見を言っても聞いてくれない。

以上のような入居後の不満は、入居前に重要事項説明書や契約書をよくチェックすることでかなり防げるものもあります。施設の説明が不十分な場合もありますが、入居者側のチェックが足りない場合も多くみられます。重要事項説明書や、契約書は必ず入居前に入手してよくチェックしてください。これらを事前に交付してくれないところや説明がおざなりのところは要注意、選んではいけません。

①のような緊急呼び出しの問題については、入居前に重要事項説明書の施設の類型および表示事項の介護に関わる職員体制をチェックする必要があります。老人ホームの介護に関わる職員体制の最低基準は介護職員1人に対し入居者（要介護者）３人となっています。この体制だと職員に余裕はなく、走りまわって介護せざるを得ないといわれています。施設によってはこれが1対2.5や1対2あるいは1対1.5の体制を採っているところがあります。当然手厚い体制を採っているところほど費用も高くなりますす。あらかじめこの体制をチェックしてどの程度の介護を受けられるか覚悟しておく必要があります。また、夜間の体制も重要事項説明書で確認しておきましょう。

②の入浴回数の問題は、重要事項説明書に週の入浴回数が書かれています。最低基準は週2回です。これ以上の場合、有料のところもありますし、いくらでも自由に無料で入れるところもあります。これも重要事項説明書でチェックし、面接の際に確認

する必要があります。自立型のホームは回数が多く、介護型は少ない傾向にあります。
③職員の態度の問題も、職員体制と密接な関係があります。最低の基準でも職員がやさしく、明るい施設もありますが、職員体制に余裕のないところでは、職員の対応もつっけんどんになりがちです。これは体験入居してみれば施設内の雰囲気がわかります。
④の食事の味付けが薄いのはどこの施設も同様です。入居者の健康上の必要性から塩分控えめになっています。食事の好みの問題は体験入居してみれば、自分の好みに合った食事かどうかわかります。体験入居は1〜2日では不十分です。1週間程度体験すれば、①〜④まで大体の様子がわかります。体験入居は不可欠です。体験入居して雰囲気がなんとなくなじめなかったり、問題がありそうな場合は入居を避けるべきです。
⑤の入居者連絡会などの開催状況も重要事項説明書に記載することになっています。年一回しか開かないところもあれば、毎月開催のところもあります。回数が多いほど入居者の声をよく聞くという姿勢が感じられますが、回数は多いけれど、入居者の意見は聞きおくだけというところもあります。訪問の際、どのくらい開かれるのか、どんな意見が出るのか、出た意見はどう処理するのかなどを聞いてみてください。こうした問題

についても、体験入居してみれば入居者にいろいろ実情を聞くことができます。

契約に関するトラブル

事例

①終身介護と言われたのに退去を求められた。
②介護が必要になったら別の施設に移るように言われた。
③介護が必要になったら狭い介護専用の部屋に移された。
④月額利用料などが値上げされた。

①の終身介護の問題は、契約書の「事業者からの契約解除」の項に定められていま す。一定の要件のもとで事業者から契約解除を申し出ることができることになってい ます。主な理由は、入居申込者が虚偽の事項を記載するなどの不正手段により入居し た場合や、入居者の行動が、他の入居者または従業員の生命に危害を及ぼす場合、あ

るいは月額利用料などの支払いがしばしば遅れる時などに限られています。

この場合も入居者や、身元引受人などに弁明の機会を設け、入居者の移転先がない場合はその確保に協力しなければならないとされています。長期に入院したら退去しなければならないというところもありますので要注意です。退去しなくてもよい場合でも管理費の支払いは必要です。

したがって、見学の際などに、どのような場合に退去しなければならないのか、過去に退去の事例があるのか。どのくらいあるのかなどを確認する必要があります。重要事項説明書には入退去に関する項目があり、最近1年の死亡退去が何件、その他の事由が何件と表示されています。退去条項は、いろいろ書いてあっても実際に適用されたれた例はないと回答するところもあります。あまりに死亡以外の理由の退去者が多いところは要注意です。退去の理由をよく聞いてください。

なお、サービス付き高齢者向け住宅の場合も、年間の退去者数、理由などを確認しておく必要があります。サ高住の場合は、一般的に入居一時金は必要ありませんので入退去しやすく、有料老人ホームより退去者数が多い傾向にあります。

②の他の施設への移転の問題も、契約書や重要事項説明書に記載されています。どのような場合に移らなければならないのか、事前に要確認です。系列の老人ホームを持っている場合、介護の状況によって、重い介護や認知症などに適したホームへの移動を勧められることがあります。

③の介護専用室への移動は、介護付き有料老人ホームでも入居時自立が条件の場合によく見られる事例です。このことも契約書や重要事項説明書に記載されています。これもどのような場合に移らなければならないのか、事前に要確認です。介護専用室に移る場合、部屋は一般に狭くなりますが、入居一時金の調整は行われないのが一般的ですが、これも施設により異なりますのであらかじめ確認が必要です。

④の料金改定については、契約書にどのような場合にどのような手続きで行うか記載することになっています。有料老人ホーム設置運営指導指針では、事業者は料金改定の場合、運営懇談会で値上げの根拠を示したうえで入居者の意見を聞き実施しなければならないとされています。これを見ると、つまり意見を聞くということで入居者の同意を得てとはなっていません。意見を聞くだけというのが一般的ですが、例外的

に入居者の同意が必要としているところもあります。

月額利用料に関するトラブル

事例

①月額利用料の請求が来たら、聞いていた金額より大幅に増えていた。
②入居後10年経ったが、いつまでも家賃を取られる。他の人は取られていない。
③6ケ月入院してホームで食事を摂らなかったのに食費を取られた。

①の月額利用料は、一般的に管理費、食費、水道光熱費 家賃相当額から構成されています。ただし、月額利用料の内訳は施設によって異なります。管理費、食費はどこでも共通ですが、管理費に水道光熱費を含んでいるところと、水道光熱費は部屋ごとに実費精算で含まれていないところがあります。

また、家賃の扱いも、**入居一時金に終身にわたる家賃が含まれている場合**は（入居一時金はかなり高くなる)、家賃部分は前払いしていますので、毎月の請求は発生しません。**入居一時金の金額が終身にわたる家賃の全額をカバーしていない場合**は、残り部分の家賃が家賃相当額として終身毎月請求されます。

一方、家賃の前払いはなく(入居一時金は0)、**月払い方式を採っている場合**、家賃は当然終身支払うことになります。

月額利用料の内訳は事前に確認できますのでよく把握しておいてください。

このほか月額利用料については、**オプション部分**の支払いがかなり膨らみます。まず、介護保険の自己負担部分(1割~3割)があります。さらに通院の医療費、付添費用、おむつ代、有料のレクリエーションの参加費(無料のものもありますが)、規定回数以上の居室の掃除代、洗濯代、入浴代、買い物代行など、通常は定額の**月額利用料の20~30%増し**くらいは覚悟しておく必要があります。これらの追加費用がいくら必要かは、重要事項説明書に細かく記載しなければならないことになっていますので、事前にチェックできます。月額利用料は20万円だが、年金は22万円あるから何とかなると思うのは危険です。毎月の支払いが滞ることになりかねません。そういう事例もあります。

②の家賃の徴収のトラブルの場合は契約が月払い方式だと思われます。この方式の場合入居一時金は0ですから、家賃は生涯続くわけで入居時のチェックが必要です。月払い方式は、大体5年くらいまでは一時金方式より有利（安い）ですが、その後は一時金方式の方が安くなります。自分で5ケ年費用を計算して確認できます。

③の入院の場合の費用の問題も、契約をよく確認していなかったことから生ずる問題です。欠食した場合、食費全額を日割りしてその分を日数に応じて控除するところと、日割りで控除するが、控除部分はいわば食材費部分だけで、厨房維持費として固定費部分を徴収するところと両タイプあります。③のトラブルは後者の契約だったと思われます。これも事前に重要事項説明書などで確認可能です。

料金・サービスに関するトラブル

事例

①月額利用料が高くていったん入居をあきらめたが、業者からキャンペーン価格で

対応するからと言われて入居したが、1年経ったら、値上げしますと言われた。
キャンペーン会員はずっと上げないという話だったのに。
②経営者が変わったらすぐに管理費や、家賃相当額、食費などの大幅値上げが通告された。

①のキャンペーン割引の場合は、口約束ではなく文書での約定が必要です。契約書にきちんと明記されているか確認すべきです。キャンペーン価格は1年に限って有効ですと小さい字で書かれていたりすることもあります。

②の途中値上げの問題もよく見受けられます。追加の入居一時金は徴収しないが、月額利用料を値上げする例があります。逆の例もあります。これらの例は、施設の身売りなどの懸念の少ないところを選ぶより対策はありませんが、外目にはなかなかわかりません。

入居者間のトラブル

事例

①他の入居者から暴力を振るわれた。
②食堂の席を巡っていじわるされた。
③挨拶しても無視された。
④部屋に鍵がなく盗難にあった。

入居者間のトラブルは、どこの施設でもあり得ることですが、これらを事前に察知するのは、ほとんど不可能でしょう。しかし、体験入居を1週間程度行うと、職員や入居者の方々との会話などで感じはつかめるのではないかと思います。自立者の多い施設では大体大浴場がありますので、入浴の機会に話しかけたり、食事時に話しかけたりしてそれとなく様子を聞いてみることができます。

①の暴力の問題は、論外で直ちに施設側に申し出て対処策をとってもらう必要があります。他の入居者に危害を及ぼす場合は、施設側からの退去理由になります。

②食事時に空いている席に座ると古い入居者から「ここは私の席だからどいて」と言われてトラブルになったという話をよく聞きます。施設にこういう事例の場合はどう処理しているのかを聞くと、自然に任せている（ほったらかしている）ところや、新しい入居者にあの席は古い人が使っているので気をつけてくださいと注意しているところや、席を巡ってトラブルが起きないように毎日席を施設が指定しているというところもあります。こうした問題は、昼食付きの見学会の時などにどうしているのか聞いてみるのも参考になります。

③の挨拶の問題は、第1部でご紹介した「老人ホームの暮らし365日―菅野国春」に参考になる話があります。いくら挨拶しても返事をしないので嫌な奴だと思っていたら、単に耳が遠い人だったとか。意地になって挨拶していたらいつの間にか挨拶してくれるようになったとか。

④部屋の鍵も介護上や安全上の問題があって鍵のないところが多いです。サ高住は

住宅なので鍵付きが普通です。

＊入居後の介護やサービス、日常生活を巡るトラブルは、入居前に察知することは極めて困難と言わざるをえません。体験入居や見学の際に施設の雰囲気を察知することが必要です。職員に余裕があり、職員の定着率の良いところや、所内が和気あいあいとして入居者や職員が明るいところは概して入居後のトラブルも少ないようです。

退去に伴う前払い金の返還に伴うトラブル

事例

①入居後3年で退去したが、入居一時金がほとんど返してもらえなかった。

②入居一時金のほかに介護一時金を支払ったが、介護一時金については返還してもらえなかった

③夫婦で入居していたが途中で夫が死亡した、まだ償却は済んでいないはずなので夫の分の返金を請求したが返してくれない。

介護やサービスに関係する日常的なトラブルや苦情を除けば、最も多いトラブルは、何らかの理由でホームを退去する場合の前払い金の返還に関連する問題のようです。前払い金には、**入居一時金の他、上乗せ介護金、健康管理一時金などを徴収する**ところがあります。

入居一時金の性格は、従来施設を利用するための利用権の前払いとされていましたが、法律上極めてあいまいでトラブルの的でした、しかし平成23年に老人福祉法が改正され、**家賃の前払い金**として位置づけられました。入居一時金を受領する場合は、費用の内容、費用の算定基礎、償却期間、返還金の計算式、一時金保全措置の有無などを明らかにしなければならないとされています。

入居一時金は、数百万円から数億円徴収するところがあります。最近は入居一時金ゼロで、毎月の月額利用料で賄うところもあります。また多くの施設が両者の選択制を採っています。最近は、入居一時金の代わりに前払金という表現も使われています。

入居一時金については、**初期償却**と**償却年数**を理解しておく必要があります。償却といっても我々が承知している企業会計上の償却とは全く概念が違います。有料老人ホームは、入居一時金を受け入れると勘定科目上長期預り金（前受金）に計上しますが、それを入居時および何年かに分割して利益に計上していく仕組みになっています。入居時に償却（利益に繰り入れる）する部分を初期償却（業界では頭どりといっています）といいます。入居時に何割かを直ちに利益として受け取り、残り分を何年かに分けて利益に計上していきます。

初期償却率は、施設によって様々ですが10％〜30％くらいが一般的です。中には初期償却率が50％、100％というところもありますので要注意です。中には少数ですが初期償却率0のところもあります。初期償却率は、低いほど入居者に有利です。

償却期間は3年〜15年くらいまであります。あまり短いところは避けた方が賢明です。自立者を対象とした住宅型有料老人ホームや、介護付有料老人ホームでも入居時自立を条件としているところは、償却期間は長めです。これは、償却期間の算定基準を想定居住期間に置いているからです。元気な人が多いところほど長く居住するからです。老人ホームの経営からいうと入居者が想定居住期間より長生きすることは望ましくないことになります。想定居住期間を超えて入居している入居者を**償却済み老人**

と陰で呼んでいるところもあるそうです。

老人ホームの基本的な収入源は、介護保険からの給付金と入居一時金です。入居一時金の償却期間中は、老人ホームに収入がありますが、償却が終わってその収入がなくなると経営的には大きな打撃です。良心的な経営者ほど、適切懇切な介護で長生きしていただきたいという気持ちがあり、その結果長生きされるというジレンマに悩むことになります。こうした気持ちをある経営者は「右手にロマン、左手にそろばん、背中に我慢を背負って経営にあたっている」と言われているのをお聞きしたことがあります。

入居一時金は、老人ホームにとって介護保険の給付金と並んで経営の大きな柱となっていますが、家賃の前払い金がなぜ初期償却できるのかなど不明朗な点があります。東京都は、都の有料老人ホーム設置運営指導指針の中で初期償却は望ましくないと明記していますが、業界の反対が強く他の道府県ではそこまではっきり書いていません。

有料老人ホーム設置運営指導指針は、厚生労働省がその**標準指針**を示しており、都道府県が有料老人ホームを管理、監督する場合の根拠になっています。都道府県は標準指針を参考に策定することになっていますが、都道府県によって、多少の違いがあります。この指針には罰則がありませんので、強制力がないのです。なお、家賃相当額としての入居一時金はその施設の建設に要した費用、修繕費、管理事務費および地代などを基礎として算定されますので、豪華な施設や地代の高い都市部などでは高額になります。

入居一時金とは別に**介護一時金（特別介護金）**、**健康管理一時金**を徴収するところもあります。

介護一時金は、介護の職員体制が介護保険の基準配置（職員1に対し入居者3）以上の人員配置（1対2.5、1対2、1対1.5など）を行った場合に徴収が認められている費用で、数百万円になる例もあります。

健康管理一時金は、基準以上の手厚い健康管理体制を採っている場合に徴収するものですが、一時入居金と同様に初期償却、償却期間が定められています。高額な入居一時金を徴収する施設によく見られる例です。

何らかの理由で、老人ホームを途中で退去した場合、問題になるのがこうした前払金がどれだけ帰ってくるのかということです。初期償却、償却期間など聞きなれない用語が使われ、分かりづらい面もありますが、前払い金の返還を巡るトラブルは、業者の説明不足もありますが、入居者側が少し気をつけていれば避けられる面もかなりあります。重要事項説明書には、必ず解約時の返還金の算定方法が示されています。これを使って1年後にはいくら、2年たったらいくら、3年だったらいくら返ってくるかということを、自分で計算して承知しておくべきです。契約の際にまとめて説明を聞いても理解できません。

なお、**償却期間の計算**は月数（5年だと60ケ月）で計算するところが一般的です。良心的な施設では日数計算で行うところもありますし、悪質なところは年計算で行うところもあります。年計算の場合1年経過後ではなく2年目に入ったところで償却しますので、5年といいながらまるまる5年ではなく5年目に入った途端返済金が0になります。この辺りは、重要事項説明書や契約書で十分チェックしておく必要があります。

二人入居の場合で、一人が亡くなった場合もどのくらい戻ってくるか重要事項説明書に示されています。

初期償却率が高いところ（25％〜30％くらいが平均です、中には昔は100％というところもありました)、償却期間があまりに短いところ、償却期間の計算が年単位で行うところ、あるいはこれらの基準がはっきりしていないところなどは避けた方が賢明です。

早期退去に伴う短期解約特例(90日ルール)に関するトラブル

事例

①入居して1ケ月程度で退去したが、入居一時金を返してもらえなかった。
②入居してすぐに本人が死亡したが、入居一時金を返してもらえなかった。
③入居して60日以上たって退去したが、2ケ月前に予告が必要と言われ返してもらえなかった。

短期解約特例(通称90日ルール)とは、クーリングオフの一種で、施設に入居後3ケ月以内に契約を解除して退去した場合、業者は、入居一時金の全額を返還しなければばならないというものです。ただし、この間にかかった食費や水道光熱費などの実費は徴収されます。

上記のようなトラブルは、初期償却率100％の施設でよく起こりがちです。また、かっては死亡退去の際の取り扱いが不明確で、死亡の場合は対象にしないとする業者もあってトラブルが発生していました。

しかし、平成23年に老人福祉法が改正され、死亡の場合も返還義務が明示されました。また、一定の予告期間を設けて実質的に90日の期間を短縮することも禁じられました。したがって、重要事項説明書や契約書にこれらのことが明記されていない施設は避けなければなりません。退去までにかかった食費など、控除される費用が一日当たりどの程度になるのかも確認しておく必要があります。せいぜい数千円のはずですが、法外な金額を請求するところもあるようです。

退去に伴う原状回復費用に関するトラブル

事例

①老人ホームを退去したが法外な原状回復費用を請求された。

②入居1年半になるが、居室の畳が古くなってきたので畳の表替えを頼んだら入居者負担と言われた。

入居者の原状回復の費用負担については、国土交通省が定めた「現状回復を巡るトラブルとガイドライン（平成23年8月）」によれば、賃借人（入居者）が負担しなければならない場合とは、「利用者の故意・過失、善管注意義務違反、その他通常の使用を超えるような使用による損耗・毀損を復旧する場合」とされています。

つまり、居室が明らかに通常に使用した結果とは考えられない状態になってしまったケース、あるいは利用者の管理が悪くて損耗などが発生し、または拡大したと判断せざるを得ない場合を言います。したがって通常の使用による損耗などの修繕費用は事業者負担となっています。

契約上、居室の造作の更新（障子の張り替え、畳替えなども含む）が入居者負担になっている場合、退去する場合にも原状回復費用を請求されることも多いのでこういう問題についても入居前に契約書のチェックが必要です。

倒産・身売りに関するトラブル

事例

①入居していた老人ホームが倒産した。どうしたらいいか。

②入居した老人ホームの経営者が変わり、追加の入居一時金の支払いが必要と言われた。また、月額利用料も値上げになった。介護やサービスの内容が低下した。

老人ホームの倒産・身売りは思いのほかたくさんあります。ただし、最近は破産や会社整理などの古典的なものは少なく、いわゆる身売り、事業譲渡の例が主流になっています。また不動産投資信託方式による資産の譲渡も増えてきています。倒産した場合、文字どおり入居者は行き場を失い社会問題になっていることが、ＮＨＫなどでも取り上げられたことがあります。

事業譲渡の場合は、事業を譲り受けた新しい事業主が経営を引き継ぎますので、入居者が行き場を失うということはありませんが、多くの場合、入居者は新たな事業主体と契約を結び直す必要があり、その際入居一時金の追加を求められたり、月額利用料の値上げが通知されたり、サービス内容が低下したりすることもあります。

事業主体（経営会社）の経営力は我々老人ホーム評価センターが、老人ホームの評価に当たって、最も重視している点の一つです。しかし、率直なところよく分からないのです。上場企業の場合は、財務諸表が公表されており企業内容が分析できますが、上場企業が直接老人ホームを経営している例は少なく、大部分は非上場の子会社、孫会社が経営しています。これらの経営状況は、非公開のため残念ながらつかめません。

老人ホームは、各都道府県の定めた有料老人ホーム設置運営指導指針で情報の公開が義務付けられていますが、財務諸表まで公開しているところはごく一部です。大部分のホームは、公開といっても資料はくれず、その場で閲覧させてくれる程度です。老人ホーム見学の際は、財務諸表の交付、交付がダメなら閲覧を求めて、主要項目をメモしてチェックする必要があります。ただし、メモを取ってはだめだと言われたこともあります。そんなところは避けたほうが無難でしょう。

老人ホームの経営を見る最大のメルクマール（指標）は入居率です。収益の分岐点は入居率80％程度が下限と言われています。高ければ高いほどいいわけです。開業後2年～3年もたって**入居率が80％割れのところは要注意**です。

大企業（含む子会社など）の経営なら安全かというとそうでもありません。介護事業が思ったほど儲けにならないと、簡単に身売りしてしまう例もあります。東京電力は、少し事情が違いますが、福島原発の大事故で介護事業を丸ごと身売りしました。

この他、オリックス（株）の子会社として首都圏や関西圏を中心にグッドタイムリビング（有料老人ホーム）やプランテシア（サ高住）のブランド名で3000室近くを運営していたオリックスリビング（株）の全株式が大和証券（株）に2019年3

月に突如売却され、話題になりました。業績不振という声は流れていませんでした。こういう例は最近急増しています。

買い手があるのは、介護付き有料老人ホーム業界に総量規制が掛けられているため参入したくても自由に参入できないためです。いろいろな業界が老人ホーム業界に参入していますが、この業種は安全、この業種は危ないということもできません。中小、零細な業者でも何十年と問題なく経営しているところもあり個別に見るよりほかありません。

詐欺に関するトラブル

事例

温泉付き有料老人ホームの運営会社（A社）からパンフレットが届いた数日後、別の会社（B社）から「老人ホームの利用権に関する資料が届きましたか」と電話があった。A社の資料は500名にしか送られていないという。「わが社も利用権が欲しいがパンフレットが届いていないので買えない。一口20万円だが、我々が40万円で買い取りたい」と言われ良い話だと思い、A社から5口買うことにした。その後買い取ってもらおうとB社に電話するともっと買い足すように言われ、A社の資料を次々と買い足し合計1000万円分購入した。さらに買う約束をしていたが、事情を知った息子に叱られた。だまされたのだろうか。(70代女性)

このような温泉付き以外のホームでも利用権を代理購入してもらいそれを高値で買い取るといった詐欺が出ています。

出資者になると年数%の配当金が受け取れ、また出資者は高級老人ホームに優先的に入れるという詐欺もあります。

東日本大震災の復興支援に名を借り、被災者を優先的に入居させる老人ホームを作るので協力してほしい、高配当の見返りがあるともちかけて、出資金を募る事例もありました。

老人ホームの一部(高額ホームあるいは低額ホーム)には入居待ちのところもあり

ますが、比較的回転は速いため、利用権にプレミアムが付くということはありません。人気の高い特別養護老人ホームには利用権はありませんし、地方公共団体や社会福祉法人の経営なのでこういう詐欺とは無縁ですが、詐欺グループは何を考えだすか分かりませんから、儲け話には気をつけましょう。小生宅にも以前老人ホームではありませんが、利用権詐欺タイプの、会員制リゾートクラブの会員権の購入勧誘の電話がありました。

7　終わりに

以上は、老人ホームに入居した後のトラブルの代表的な氷山の一角を紹介しました。ここで述べたトラブルの回避策は、トラブルが起きた時にどう対処するかということではなく、トラブルに会わないように、事前に回避するにはどうしたらいいかという観点からの注意事項です。

何度も申し上げていますが、こうしたトラブルの多くは、入居者側がもう少し注意深く、重要事項説明書や契約書をチェックしていたら回避できるものです。そんなことは知らなかったというようなことの無いように十分チェックが必要ですし、入居者が不利な点が書かれていても、それを承知して入居するのか、そういったところは始めから選ばないという選択の問題です。

また、体験入居も非常に大事です。

こうした事前のチェックは、体力、知力、気力がまだ充実している（残っている）

時しかできません。介護度がある程度重くなって入居しようとする場合、その時になってこうしたチェックを行うことは不可能でしょう。家族の方でもよほど勉強されている方以外は無理ではないでしょうか。元気なうちにいくつか候補先を決めておかれることをお勧めします。

なお、以上紹介したトラブルは、入居一時金や月額利用料などの安いところに発生しているのではなく、むしろ高額なホームの方が多いという調査結果もあります。大手だから安心、高級ホームだから大丈夫とは言えません。老人ホーム選びの難しいところです。

1 事前対応（断捨離）

最近、ＮＰＯ法人老人ホーム評価センターの紹介で入居された方の入居後の生活ぶりをお聞きするため、その老人ホームを訪問しました。

お昼を共にしながら生活状況などをお聞きしました。これといったご不満はなく、いろいろわがままも聞いてもらえると喜んでおられ安心しましたが、老人ホーム選びでの反省は、もっと早く家財の整理などを手がけておけばよかったということでした。老人ホームへの入居は奥様の介護度が上がり、これ以上は、家庭での介護は無理という段階になっての、いわばせっぱ詰まっての入居決断で、事前準備の余裕もなく、急きょ入居されたため、家財の整理に振り回され、へとへとになったとのこと。もっと早くから整理の手をつけておけばよかったとの切実な自戒のお言葉でした。

有料老人ホームの居室の広さは、最低13㎡（約3・9坪）以上となっています。特に上限はなく100㎡（約30坪）を超えるホームもあるようです。サービス付き高齢者向け住宅は25㎡（約7・5坪）以上、または18㎡（約5・4坪）以上（食堂、ロビー、大浴場など共用設備が整っている場合）です。

有料老人ホームなどの価格は、基本的には、立地（地価）、居室の広さによって決まります。ご夫婦で入居の場合、大体40㎡（約12坪）前後の広さが必要とされており、このくらいの広さになると、地域にもよりますが、3～4千万円の入居一時金が必要です。100㎡クラスのホームになると億円単位になります。

こうしたところに入居できる方は、日本国民の何パーセントもいないでしょう。私が知っている富裕層でもせいぜい50〜60㎡クラスです。そうすると、これまで使用していた家財の数分の一から数十分の一しかホームには持ち込めないことになります。もっと早くから整理をしておけばよかったとは、ホーム入居者の異口同音の反省です。

家財の整理は、老人ホームなどに入居するとしないにかかわらず早め早めに、まだ知力・体力・気力が残っているうちに始めてください。第一次断捨離、第二次断捨離と段階的にやっておかれることをお勧めします。親の家財は、子供にとってはほとんど負の資産です。私の場合、老親は老健で看取ってもらいましたが、家財は残された実家にそのまま残っており、この整理に10年近くかかりました。

私の友人に引っ越しが好きな人がおり、引っ越すごとに小さい家に移っていくことにしており、その家に入る家財以外は処分していくそうです。なかなかできることではありませんが、なるほどと参考になりました。

第1部で参考図書としてご紹介した『老人ホームの暮らし365日』(菅野国春　展望社)に老人ホームへの引っ越しは人生最後の大仕事として一章設けられております。①決行の日をいつにするか、②準備は2〜3年前に始めよう、③惜しげもなく物を捨てる覚悟を持て、本の整理も長期作戦で、④持ち家の処分について、⑤処分業者と引っ越し業者 ⑥一線社会と決別をと20ページにわたって苦労が詳述されており、大変参考になります。是非ご一読を。

2 アフターケア

アフターケアとは、老人ホームなどに入居された親御さんへのケアのことです。

私もまだ、自宅に住んでいるわけで老人ホームなどの生活の経験はありませんが、入居された方々のお話を伺うと、自宅などでの生活とは様変わりする変化に遭遇することになります。慣れない未知の人々との集団生活になります。これに溶け込むまでには相当の時間がかかると思います。こうした環境になじめなくてホームを退去する例もあるようです。

親御さんが新しい環境に慣れるまで、できるだけホームに通って、ストレスがたまらないようにしてあげる必要があります。私も両親を老健に入れて、1ケ月に数日は神奈川県から福岡県に通って顔を見せていましたが、今思えば施設に任せきりで、スタッフに両親の様子を聞くわけでもなく、両親の不安や不満（父は達観していたのか何も言いませんでしたが母はいろいろ不満を持っていました）をスタッフに伝えるでもありませんでした。

もっと積極的にかかわるべきではなかったかと反省しています。介護のケアプランについても教えてもらう必要がありますし、運営懇談会やイベントなどにも参加し家族として積極的に関与する必要があります。親御さんの性格や生活態度をスタッフに伝えることも必要です。そうした情報はスタッフにとっても日常の介護にとって有益な情報です。

あとがき

「はじめに」にも書きましたが、本書は老人ホームやその他高齢者向け住宅への入居をお勧めするものではありません。人間いつかはこの世を去ります。どこでこの世を去るかは、人それぞれです。自宅で最期を迎える方もあれば、病院で迎える方もあります。老人ホームなどの高齢者向け住宅で亡くなる方もいます。終の住処はいろいろあります。その終の住処をどこにするかを考えるにあたって参考になればと思ってこの本を書きました。少しでもお役に立てれば幸甚です。

老人ホーム評価センターの活動は、全く無給のボランティア活動ですが、メンバーに共通した動機は、老人ホームの調査などで他人様のお役に立てば、いずれは自分の役にも立つとの思いでした。すでに老人ホームに入居したメンバーもいますし、目下真剣に入居先を検討しているメンバーもいます。まだまだ切実感はなく、いずれはというメンバーもいます。そういうお前はどうかと言われれば、自宅を終の住処にしたいという思いはあまりなく、いずれは老人ホームにと考えております。

入るとすれば、こういうところがいいなという候補はいくつかありますが、目が肥えすぎて絞れないという面もありますし、いつにするかという点でも迷っています。また家内と意見が一致しているわけでもありません。本書を手に取っていただいた方の多くは、老人ホームなどに興味があるもののまだ先のことだとお考えではないでしょうか。そういう方々にお願いしたいことは、老人ホームなどを含めた高齢者向けの住宅について、入る、入らないはともかくとして、70歳代になったら高齢者住宅について勉強を始めること、また、元気なうちに断捨離を進めておくこと、自分の終の住処についての考えを子供さんに伝えておくことです。

NPO法人老人ホーム評価センターの活動状況は是非ホームページでご覧ください。パソコンでもスマホでも、老人ホーム評価センターで検索できます。

本書出版にあたっては展望社の唐澤明義社長に大変お世話になりました。前著『大東亜戦争　責任を取って自決した陸軍将官26人列伝』に次ぐものです。唐澤社長とのご縁は、第一部でご紹介した参考図書に菅野国春さんの『老人ホームの暮らし365日』がありますが、この新聞広告をたまたま見てタイトルに惹かれて、早速購入して読んだところ大変参考になることが多く、老人ホーム評価センターの講演会の講師を菅野さんにお願いし、快諾していただきました。2017年11月のことです。

その後菅野さんに本書の構想をお話ししたところ唐澤社長を紹介していただき、今回の上梓に至ったものです。しかし、当時は構想だけだったため、筆者のライフワークである大東亜戦争の研究の成果として原稿はできていたものの、出版社が見つからず長く眠っていた『大東亜戦争　責任を取って自決した陸軍将官26人列伝』を上梓（2018年8月）していただき、次いで本書刊行の運びとなりました。厚くお礼申し上げます。

また、本書、刊行にあたっては老人ホーム評価センターの宇田川理事長始めメンバーの皆さんには、原稿のチェックをはじめ、いろいろアイデアを出していただき、ご協力いただきました。厚く御礼申し上げます。

著者プロフィール

伊藤《いとう》　禎《ただし》

昭和16年　福岡県生まれ。
昭和41年　東北大学法学部卒業
同年　農林中央金庫入庫、本支店勤務の他、農水省、日本格付研究所出向、その後高松支店長、債券部長を経て、平成7年コープケミカル〈現片倉コープアグリ（株）〉常務取締役、代表取締役専務、相談役、コープ開発社長、昆明人和化工有限公司董事などを歴任（兼務）
平成20年1月〜　NPO法人 老人ホーム評価センター理事
ヘルパー二級
無双直伝英信流居合　錬士
北條手作り甲冑隊評定衆（相談役）

著書　「敗者の戦訓　一経営者の見た日本軍の失敗と教訓」（文芸社　平成15年）
「大東亜戦争　戦没将官列伝（陸軍戦死編）」（文芸社　平成21年）
「大東亜戦争　責任を取って自決した陸軍将官26人列伝」（展望社　平成30年8月）

神奈川県藤沢市在住

自分に合った終《つい》の住処《すみか》の選び方 ハンドブック

二〇二〇年一月二四日　初版第一刷発行

著　者――伊藤　禎
発行者――唐澤明義
発行所――株式会社　展望社

郵便番号一一二―〇〇〇二
東京都文京区小石川三―一―七
エコービル二〇二
電　話――〇三―三八一四―一九九七
ＦＡＸ――〇三―三八一四―三〇六三
振　替――〇〇一八〇―三―三九六二四八
展望社ホームページ http://tembo-books.jp/
印刷・製本――モリモト印刷株式会社

ISBN978-4-88546-372-3

伊藤禎の好評既刊

大東亜戦争 責任を取って自決した陸軍将官26人列伝

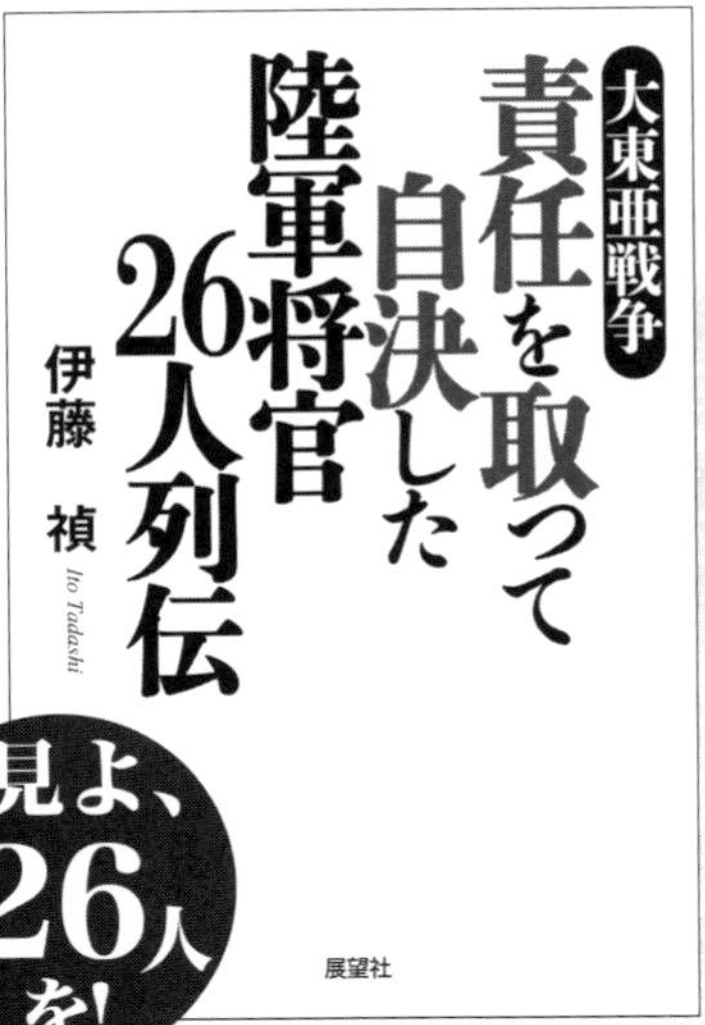

見よ、この26人を!

指揮官は責任を取らねばならない

それは、政治家も官僚も経営者も同じである

福島第一原発の歴史に残る大事故を起こしても、原発を推進してきた政治家や官僚、経営者、学者等が誰一人責任を取っていない。何も自決しろというのではない。何をどう間違っていたのか、今後二度とこうした事故を起こさないためにはどうしたらよいのか、真剣な反省と自己批判をしてほしいのだ。それが責任の取り方ではなかろうか。(あとがきより抜粋)

ISBN978-4-88546-351-8 四六判並製 定価(本体 1800 円+税)